Thorsten Lensing

Lahnwanderweg

Von der Quelle bis zum Rhein

17 Etappen

ROTHER
BERGVERLAG

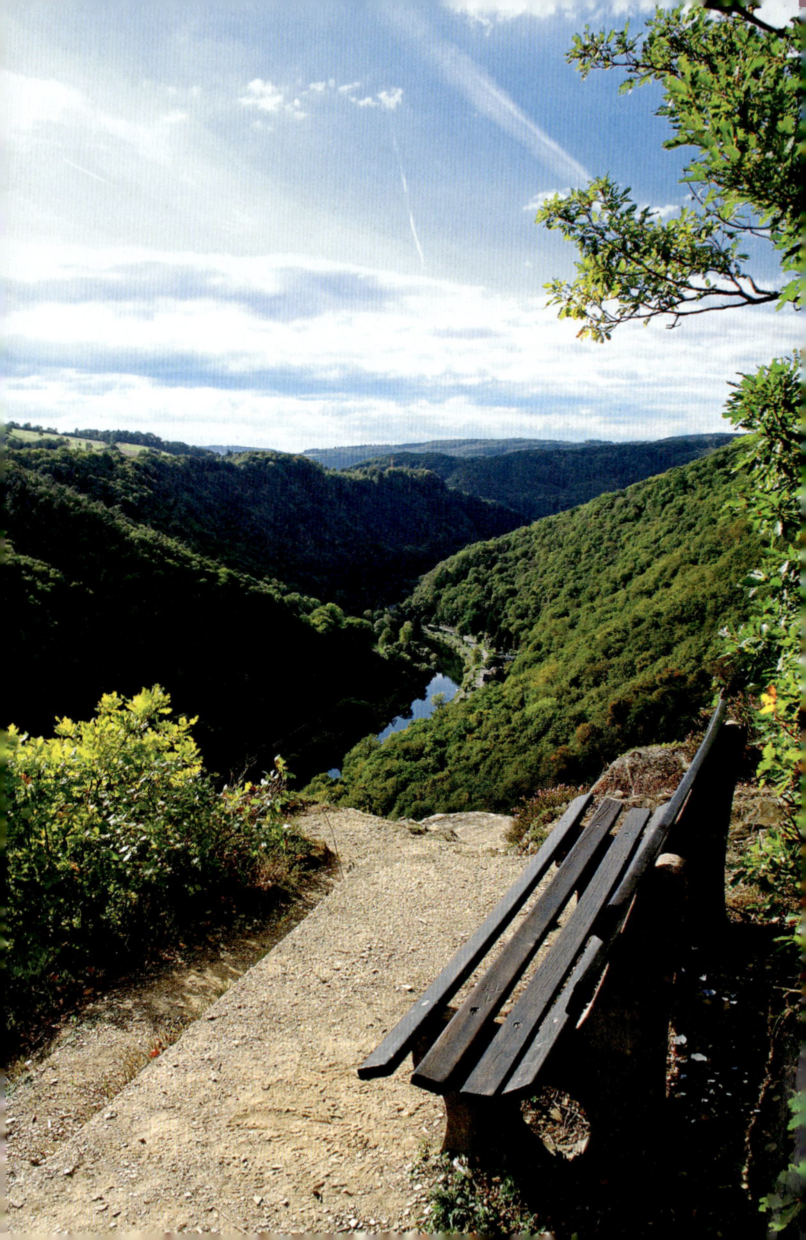

Vorwort

Die Lahn ist die bekannte Unbekannte unter den deutschen Flüssen, denn jeder weiß, wo sie entlangfließt – zumindest ungefähr … Und jeder kennt die Städte, die an ihren Ufern liegen – zumindest einige … Auch die Landschaften, die sie durchfließt, sind allseits bekannt – zumindest im Groben … Selbstverständlich kennt jeder die großen Mittelgebirge Rothaargebirge, Westerwald und Taunus, ebenso schmucke Städte wie Marburg, Wetzlar oder Limburg. Zudem steht Bad Ems geradezu sprichwörtlich für eine mondäne Bäderhistorie in Deutschland. Und weiter?

Wie ich nach meinen eindrucksvollen Entdeckertouren im Lahntal nun weiß, würde man dem Fluss in keiner Hinsicht gerecht, wollte man ihn auf eine Handvoll Highlights reduzieren. Das Lahntal ist ein Wandergebiet der Extraklasse und das liegt an einem nahezu perfekten Zusammenspiel von atemberaubend schöner Natur und klassischen Sehenswürdigkeiten.

Faszinierend sind Abfolge und Dichte von eindrucksvoller Stille und Stätten herausragender kulturgeschichtlicher Relevanz. Die Lahn selbst erlebt man in ihrer grandiosen Entwicklung vom unscheinbaren Wiesenbächlein bis zum schiffbaren und schleusenregulierten Fluss, der in Millionen von Jahren seinen Lauf eigenwillig in die schroffen Felsen hineingefressen hat. Zwischen den Mittelgebirgen beschreibt das Flüsschen einen weiten Bogen durch eine liebliche Auenlandschaft. Windet sich bald dahin, bald dorthin, einzig reguliert durch die gemauerten Uferpromenaden der größeren Städte. Auch insofern ist es ein spannendes Unterfangen, sie auf diesem prächtig angelegten Wanderweg zu begleiten: die wilde, zahme, unentschlossene, kräftige, bekannte, unbekannte Lahn.

Ich möchte mich an dieser Stelle beim Rother Bergverlag für das mir entgegengebrachte Vertrauen bedanken. Mein besonderer Dank gilt zudem dem Lektorat, der Kartografie und nicht zuletzt meiner Frau Stefanie, die mich teilweise auf meinen Wanderungen begleitet und bei der Textarbeit unterstützt hat.

Bei der Ausfertigung dieses Wanderführers habe ich größtmögliche Sorgfalt walten lassen. Dennoch kann es im Laufe der Zeit immer wieder zu Veränderungen kommen. Ich bitte Sie daher, mich über Zuschriften an den Verlag darauf aufmerksam zu machen. Ich werde Ihre Beobachtungen in Folgeauflagen berücksichtigen.

Gelsenkirchen, im Frühling 2024 — Dr. Thorsten Lensing

Links: Aussichtsbank an der Wolfslei.
S. 8/9: Das Lahntal bei Nassau.

Inhaltsverzeichnis

Vorwort 3

Übersichtskarte 6

Touristische Hinweise 10
Der Lahnwanderweg 10
Symbole 11
GPS-Tracks und Koordinaten der Ausgangspunkte 11

Das Wandergebiet 12

Der Lahnwanderweg 24

1 4.30 Std. Von Walpersdorf zur Lahnquelle und weiter nach Feudingen. 36
2 4.45 Std. Von Feudingen nach Bad Laasphe 41
3 4.45 Std. Von Bad Laasphe nach Biedenkopf 46
4 3.30 Std. Von Biedenkopf nach Buchenau 51
5 3.45 Std. Von Buchenau nach Caldern 56
6 4.30 Std. Von Caldern nach Marburg 60
7 6.00 Std. Von Marburg nach Fronhausen 66
8 5.30 Std. Von Fronhausen nach Krofdorf-Gleiberg 71
9 5.30 Std. Von Krofdorf-Gleiberg nach Wetzlar 76
10 3.30 Std. Von Wetzlar nach Braunfels 82
11 4.45 Std. Von Braunfels nach Weilburg 86
12 5.15 Std. Von Weilburg nach Aumenau 92
13 6.00 Std. Von Aumenau nach Limburg 96
14 3.45 Std. Von Limburg nach Balduinstein 102
15 6.00 Std. Von Balduinstein nach Weinähr 107
16 5.15 Std. Von Weinähr nach Bad Ems 112
17 4.30 Std. Von Bad Ems nach Lahnstein 118

Stichwortverzeichnis 124

Der Umwelt zuliebe ...

Auch beim Wandern hinterlassen wir einen ökologischen Fußabdruck, aber im Einklang mit der Natur unterwegs zu sein, ist gar nicht so schwer!

VORBEREITUNG UND ANFAHRT

- Sich vorab informieren, worauf in Bezug auf Natur und Umwelt in der jeweiligen Wanderregion besonders zu achten ist.
- Soweit möglich mit Bahn und Bus anreisen, Wander- und Rufbusse nutzen.
- Ist eine Anfahrt mit dem Auto nötig, Fahrgemeinschaften bilden.
- Bei weiten Anfahrten Mehrtagestouren planen oder von einem Quartier vor Ort aus mehrere Touren absolvieren.
- Flugreisen möglichst reduzieren und durch Beiträge zu Klimaschutzprojekten kompensieren.

KLEIDUNG UND AUSRÜSTUNG

- Beim Kauf von Outdoor-Kleidung auf umweltfreundliche und faire Herstellung achten und Kleidungsstücke möglichst viele Jahre nutzen.
- Ausrüstung kann man eventuell auch gebraucht kaufen oder ausleihen.
- Reparieren statt neu kaufen.

VERPFLEGUNG

- Beim Einkauf Bio-Ware, regionale und saisonale Erzeugnisse bevorzugen.
- Hütten und Gasthäuser auswählen, die regionale Produkte verwenden.
- Auf Einwegflaschen und Plastikverpackungen verzichten, stattdessen wiederverwendbare Trinkflaschen und Brotzeitboxen benutzen.

ÜBERNACHTUNG

- Bei lokalen Anbietern buchen, damit Menschen vor Ort profitieren.
- Auf Hütten und in anderen Unterkünften Strom und Wasser sparen.

UNTERWEGS

- Wege benutzen und Abkürzer vermeiden.
- Sperrungen von Wegen und Schutzgebieten respektieren.
- Keine Blumen pflücken und keine Pflanzen entnehmen.
- Waldbrandgefahr beachten.
- Müll wieder mit nach Hause nehmen und dort entsorgen.
- Toilettengänge in freier Natur möglichst vermeiden.
- Lärm vermeiden.
- Hunde an die Leine nehmen.

ROTHER
BERGVERLAG

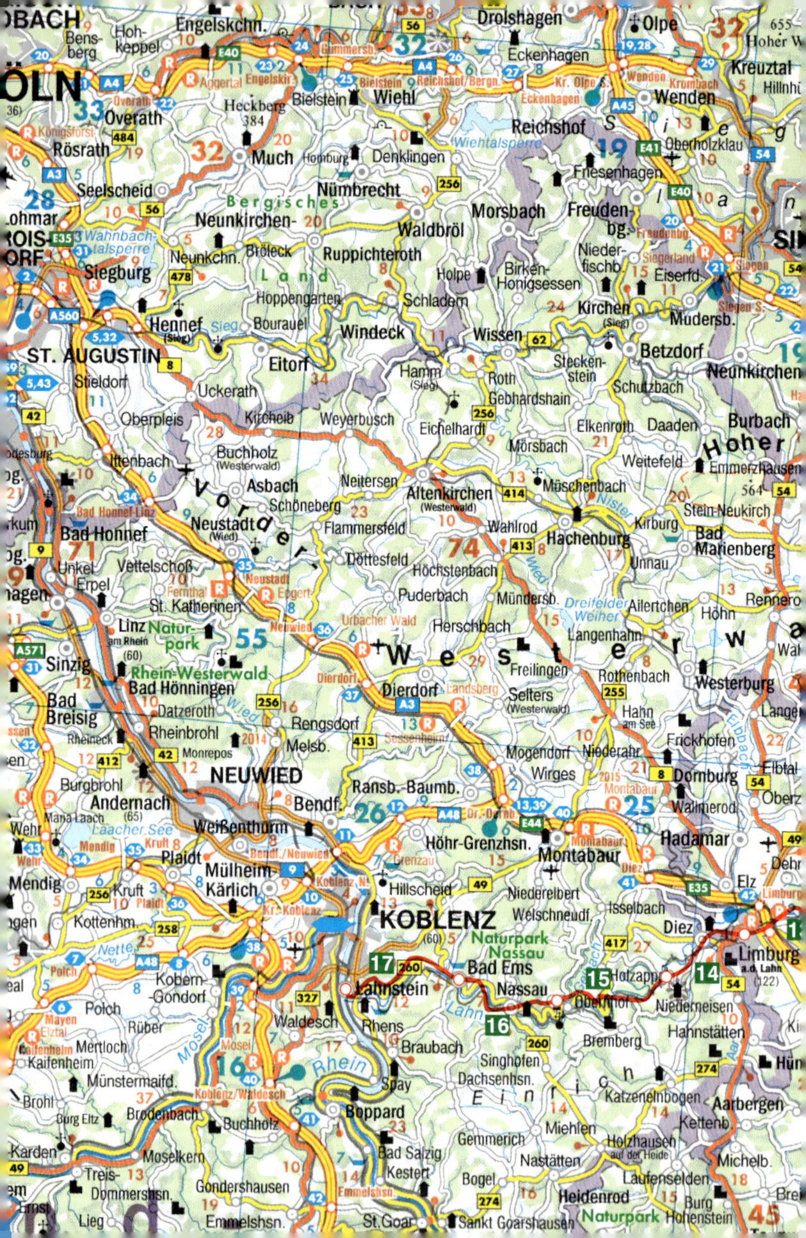

Bensberg
Hohkeppel
Engelskchn.
Drolshagen
Olpe
Hoher Westerwald
Kreuztal
Hilchenbach
Köln
Gummersb.
Eckenhagen
Overath
Aggertal
Engelskir.
Bielstein
Wiehl
Reichshof/Bergn.
Kr. Olpe
Wenden
Krombach
Heckberg
384
Königsforst
Rösrath
Much
Homburg
Denklingen
Wiehtalsperre
Reichshof
Oberholzklau
Friesenhagen
Seelscheid
Bergisches Land
Nümbrecht
Lohmar
Neunkirchen-
Waldbröl
Morsbach
Freudenbg.
Troisdorf
Wahnbachtalsperre
Neunkchn.
Bröleck
Ruppichteroth
Niederfischb.
Siegerland
Eiserfd.
Siegen
Siegburg
Hoppengarten
Schladern
Holpe
Birken-Honigsessen
Kirchen (Sieg)
Mudersb.
Siegen S.
Hennef (Sieg)
Sieg
Bourauel
Windeck
Wissen
St. Augustin
Eitorf
Hamm (Sieg)
Roth
Steckenstein
Betzdorf
Neunkirchen
Stieldorf
Uckerath
Gebhardshain
Schutzbach
Oberpleis
Kircheib
Weyerbusch
Eichelhardt
Elkenroth
Daaden
Burbach
Buchholz (Westerwald)
Mörsbach
Weitefeld
Hoher
Ittenbach
Neitersen
Emmerzhausen
564
Asbach
Altenkirchen (Westerwald)
Müschenbach
Vorder-
Schöneberg
Stein-Neukirch
Bad Honnef-Linz
Neustadt (Wied)
Flammersfeld
Wahlrod
Nister
Kirburg
Bad Marienberg
Bad Honnef
Hachenburg
Unkel
Vettelschoß
Döttesfeld
Höchstenbach
Wied
Unnau
Erpel
Neustadt
Fernthal
Eggert
St. Katharinen
Puderbach
Mündersb.
Dreifelder Weiher
Ailertchen
Rennerod
Linz am Rhein
Naturpark Rhein-Westerwald
Neuwied
Urbacher Wald
Herschbach
Langenhahn
Höhn
Westerwald
Sinzig
(60)
Freilingen
Rothenbach
Bad Hönningen
Dierdorf
Landsberg
Selters (Westerwald)
Westerburg
Bad Breisig
Datzeroth
Hahn am See
Rheineck
Rheinbrohl
Rengsdorf
Sessenheim
Frickhofen
Monrepos
Melsb.
Mogendorf
Niederahr
Wirges
Elbtal
Dornburg
Burgbrohl
NEUWIED
Ransb.-Baumb.
2015
Montabaur
Andernach
Bendf.
Wallmerod
Maria Laach
(65)
Laacher See
Weißenthurm
Dr.-Dernb.
Hadamar
Wehr
Mendig
Kruft
Plaidt
Höhr-Grenzhsn.
Montabaur
Bendf./Neuwied
Grenzau
Mülheim-Kärlich
Koblenz N.
Hillscheid
Niederelbert
Elz
Limburg
Kottenhm.
Kr.-Koblenz
KOBLENZ
(60)
Welschneudf.
Isselbach
Diez
Naturpark Nassau
Nette
Bad Ems
Limburg a.d. Lahn
(122)
Polch
Kobern-Gondorf
Lahnstein
Nassau
Holzappel
Obernhof
Niedereisen
Mayen
Elztal
Rübenach
Waldesch
Rhens
Lahn
Hahnstätten
Mertloch
Kaifenheim
Mosel
Braubach
Singhofen
Bremberg
Münstermaifd.
Rhein
Dachsenhsn.
Spay
Einrich
Katzenelnbogen
Aarbergen
Brohl
Burg Eltz
Brodenbach
Koblenz/Waldesch
Boppard
Kettenb.
Buchholz
Karden
Moselkern
Bad Salzig
Miehlen
Holzhausen auf der Heide
Michelb.
Treis-
Kestert
Nastätten
Gemmerich
Dommershsn.
Gondershausen
Bogel
Laufenselden
Emmelshsn.
Heidenrod
Burg Hohenstein
Naturpark
Ernst
Lieg
Emmelshsn.
St. Goar
Sankt Goarshausen

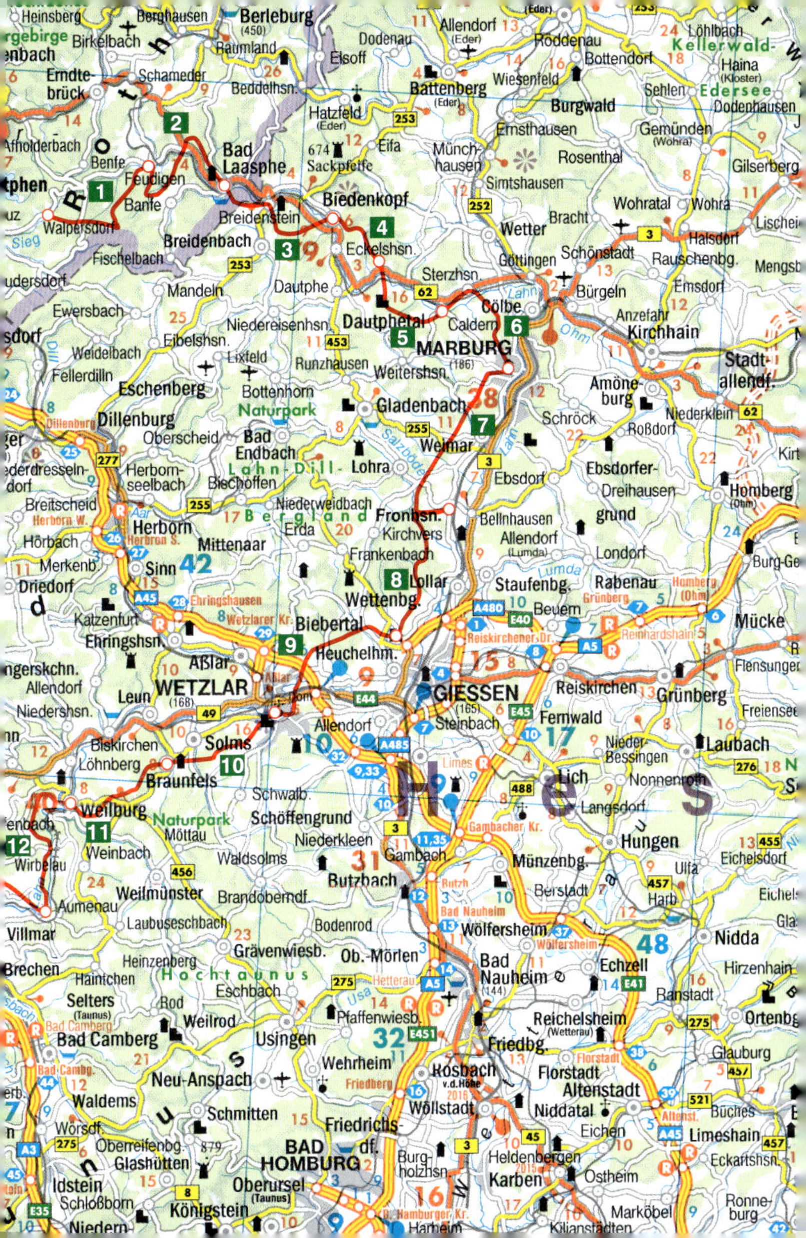

Berleburg
Heinsberg
Berghausen
Birkelbach
Raumland
Erndtebrück
Schameder
Beddelhsn.
Elsoff
Dodenau
Allendorf (Eder)
Battenberg (Eder)
Hatzfeld (Eder)
Rodenau
Bottendorf
Wiesenfeld
Burgwald
Löhlbach
Kellerwald-Edersee
Haina (Kloster)
Sehlen
Dodenhausen
Gemünden (Wohra)
Rosenthal
Ernsthausen
Münchhausen
Simtshausen
Gilserberg
Afholderbach
Benfe
Feudingen
Banfe
Bad Laasphe
Sackpfeife
Eifa
Walpersdorf
Sieg
Breidenstein
Biedenkopf
Breidenbach
Fischelbach
Eckelshsn.
Wetter
Bracht
Wohratal
Wohra
Halsdorf
Rauschenbg.
Schönstadt
Göttingen
Mandeln
Dautphe
Sterzhsn.
Bürgeln
Emsdorf
Lahn
Cölbe
Caldern
Dautphetal
MARBURG (186)
Ohm
Anzefahr
Kirchhain
Ewersbach
Eibelshsn.
Niedereisenhsn.
Runzhausen
Weitershsn.
Weidelbach
Fellerdilln
Lixfeld
Eschenberg
Bottenhorn
Naturpark
Gladenbach
Amöneburg
Stadtallendf.
Niederklein
Roßdorf
Schröck
Dillenburg
Oberscheid
Bad Endbach
Weimar
Herbornseelbach
Lahn-Dill-Bergland
Lohra
Bischoffen
Salzböde
Ebsdorf
Ebsdorfergrund
Dreihausen
Homberg (Ohm)
Breitscheid
Herborn W.
Herborn
Herborn S.
Niederweidbach
Fronhsn.
Bellnhausen
Allendorf (Lumda)
Hörbach
Mittenaar
Erda
Kirchvers
Frankenbach
Londorf
Merkenb.
Sinn
Driedorf
Lollar
Staufenbg.
Rabenau
Wettenbg.
Lumda
Katzenfurt
Ehringshausen
Ehringshsn.
Wetzlarer Kr.
Biebertal
Beuern
Grünberg
Reiskirchener Dr.
Reinhardshain
Mücke
Heuchelhm.
Aßlar
WETZLAR (168)
Leun
Allendorf
Niedershsn.
Biskirchen
Solms
GIESSEN (165)
Steinbach
Reiskirchen
Fernwald
Flensungen
Freiensee
Laubach
Nieder-Bessingen
Löhnberg
Braunfels
Limes
Lich
Nonnenroth
Weilburg
Naturpark
Schwalb.
Schöffengrund
Möttau
Weinbach
Wirbelau
Waldsolms
Niederkleen
Gambach
Gambacher Kr.
Langsdorf
Hungen
Münzenbg.
Butzbach
Bersladt
Eichelsdorf
Ulfa
Harb
Weilmünster
Brandoberndf.
Aumenau
Villmar
Laubuseschbach
Bodenrod
Bad Nauheim
Wölfersheim
Nidda
Gräveneiesb.
Ob.-Mörlen
Heinzenberg
Hochtaunus
Brechen
Haintchen
Eschbach
Hetterau
Echzell
Hirzenhain
Selters (Taunus)
Rod
Weilrod
Usa
Pfaffenwiesb.
Ranstadt
Ortenberg
Reichelsheim (Wetterau)
Bad Camberg
Usingen
Friedbg.
Florstadt
Glauburg
Wehrheim
Friedberg
Rosbach v.d.Höhe
Altenstadt
Neu-Anspach
Waldems
Wöllstadt
Niddatal
Büches
Schmitten
Wörsdf.
Friedrichsdf.
Eichen
Limeshain
Oberreifenbg.
Glashütten
BAD HOMBURG
Burgholzhsn.
Heldenbergen
Eckartshsn.
Idstein
Oberursel (Taunus)
Karben
Ostheim
Schloßborn
Königstein
Hamburger Kr.
Harheim
Kilianstädten
Marköbel
Ronneburg
Niedern
Hessen

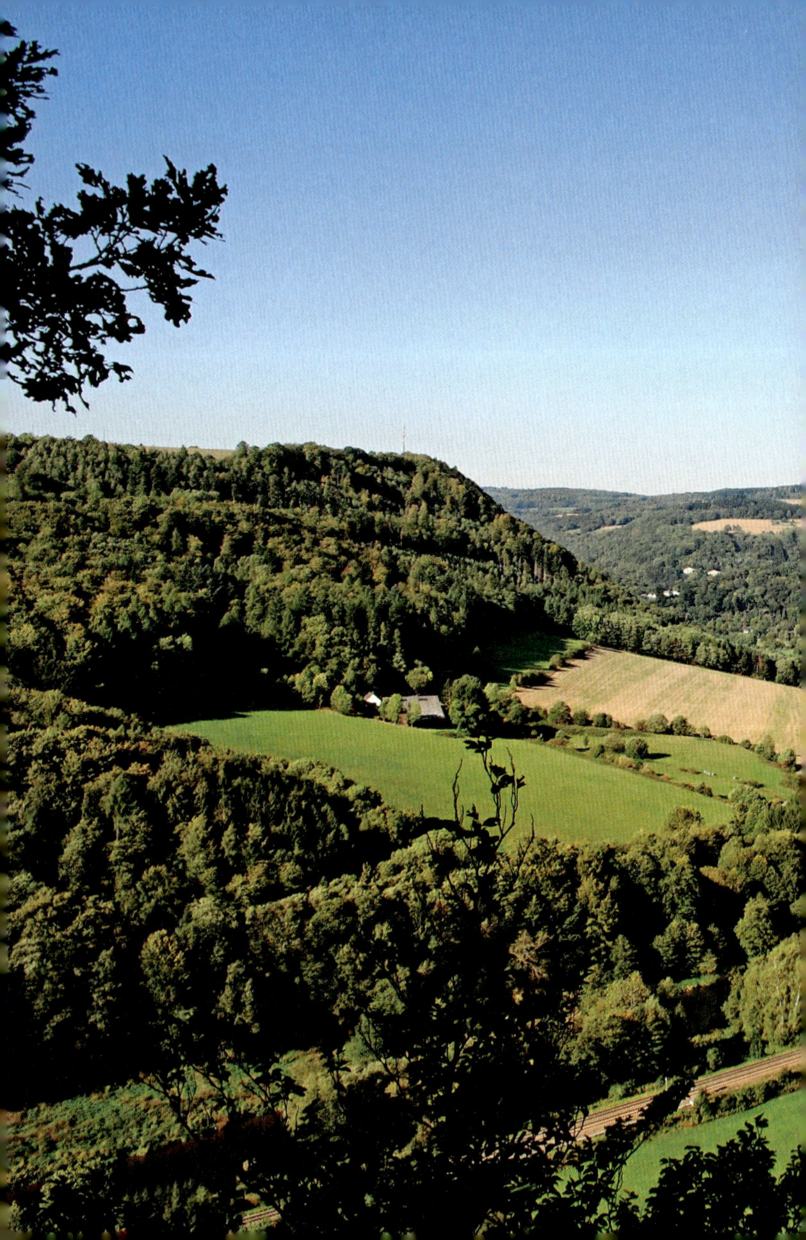

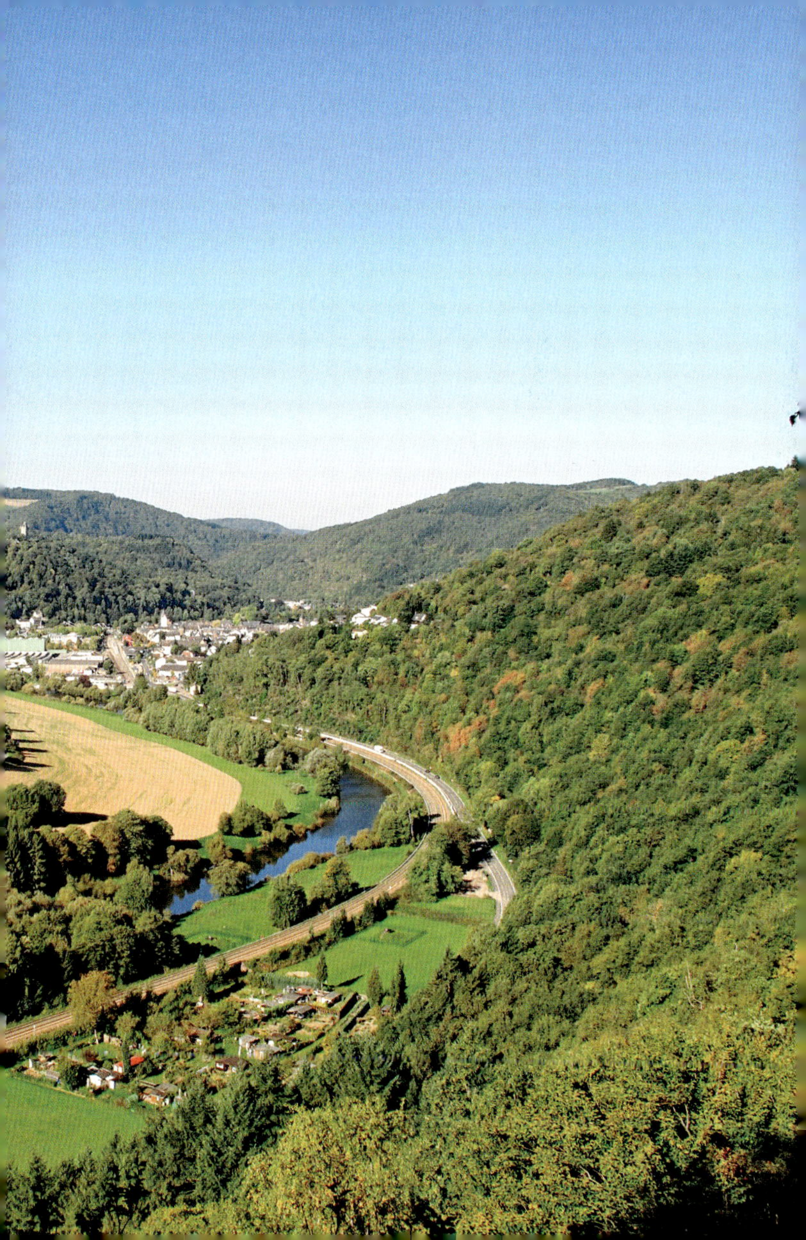

Touristische Hinweise

Zum Gebrauch des Wanderführers

Nach einem kurzen Einführungsteil mit grundlegenden Informationen zum Wandergebiet und zum Lahnwanderweg bilden die einzelnen Tourenbeschreibungen das Kernstück dieses Wanderführers. In der Kopfzeile zu jeder Einzeltour finden Sie neben dem Start- und Zielpunkt der Einzeletappen die Weglänge und einen Richtwert für die einzuplanende Gehzeit. Der Einstieg gibt dem Wanderer einen ersten Überblick darüber, was ihn auf der Etappe erwartet. Er umreißt die Art der Wanderung und verweist auf besondere Höhepunkte entlang der Strecke. Der folgende Informationsblock enthält wichtige Hinweise zur Planung der Wanderung. Er benennt den konkreten Ausgangs- und Endpunkt, die Höhenunterschiede und die Anforderung. Auch auf Einkehrmöglichkeiten wird hingewiesen. Besonders wichtig für Mehrtageswanderungen sind die Hinweise auf Unterkünfte am Zielort. Tageswanderer erhalten Informationen zur Verkehrsanbindung der Etappenorte.

Der Lahnwanderweg

Lahntal Tourismus Verband e. V.
Brückenstraße 2
35576 Wetzlar
Tel. +49 6441 309980
E-Mail: info@daslahntal.de
daslahntal.de
lahnwanderweg.de

An der Lahn bei Nassau.

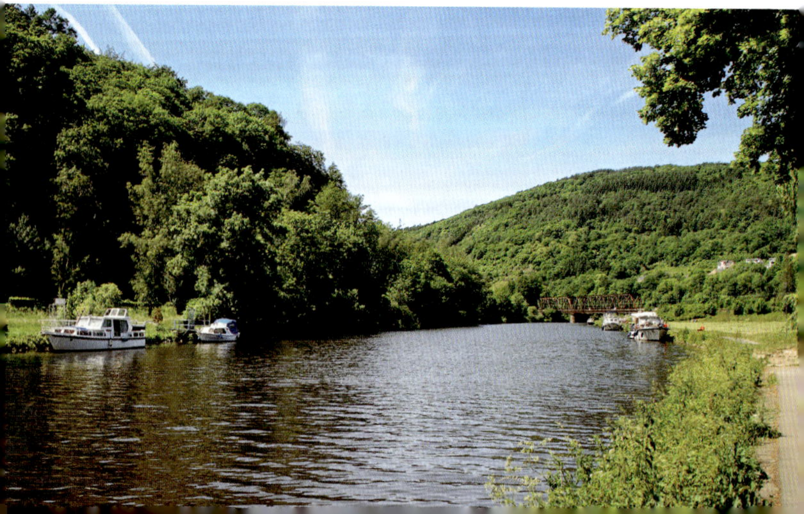

Symbole

	Ort mit Einkehrmöglichkeit		Aussichtsturm
	Einkehrmöglichkeit		Burg, Schloss, Ruine
	Schutzhaus, Unterstand	∴	archäologische Stätte
P	eingerichteter Parkplatz		Wassermühle
	Abzweigung links		Picknickplatz
	Abzweigung rechts		Quelle, Brunnen
†	Gipfel		markanter Baum
	Aussichtsplatz	)(	Brücke

Die Beschreibung des Weges führt den Wanderer sicher ans Ziel, da sie den Wegverlauf insbesondere dort sehr präzise schildert, wo Wegmarkierungen mehrdeutig oder undeutlich sind bzw. gänzlich fehlen. Sie verweist auf besondere Sehenswürdigkeiten am Wegrand und hält in gelegentlich eingeschobenen Infoboxen zusätzliche Informationen bereit.
Die eingedruckten Wanderkärtchen vermitteln dem Wanderer einen guten Überblick über die Wegstrecke, die Beschaffenheit des Geländes und die umgebende Infrastruktur. Zur zusätzlichen Orientierung dienen das Höhenprofil mit besonderen Wegmarken und Gehzeiten.
Zusätzlich stehen für alle Etappen auf den Internetseiten des Bergverlag Rother GPS-Daten als Gratisdownload zur Verfügung (Näheres siehe unten stehenden Kasten zu den GPS-Tracks). Die Wegpunkte aus diesen Tracks finden Sie zur besseren Orientierung auch in den Routenbeschreibungen, Profilen und Karten.

GPS-Tracks und Koordinaten der Ausgangspunkte

Auf **gps.rother.de** stehen zu diesem Wanderführer GPS-Tracks und die Koordinaten der Ausgangspunkte zum kostenlosen Download bereit. Dieser QR-Code führt direkt zum Download.
2. Auflage, Passwort: 449202mfh
Die GPS-Tracks können in die **Rother App** importiert werden. In der App kann man unterwegs stets sehen, wo man gerade ist und wo es langgeht. **Anleitungen dazu: rother.de/gps**
Trotz sorgfältiger Prüfung können wir Fehler und zwischenzeitliche Veränderungen nicht ausschließen. Verlassen Sie sich für die Orientierung niemals einzig und allein auf die GPS-Daten, sondern beurteilen Sie die Verhältnisse vor Ort.

Das Wandergebiet

Vom Rothaargebirge zum Rhein

Das Wandergebiet erstreckt sich über drei Mittelgebirge, vorgelagertes Hügelland sowie über Senken und Becken mit dem Charakter ausgedehnter Auenlandschaften. Während das Rothaargebirge die imposante Kulisse für die Lahnquelle darstellt, bietet die Nahtstelle zwischen Westerwald und Taunus den spektakulären Rahmen für den canonartigen Unterlauf bis zur Mündung. Dazwischen werden das Gladenbacher Bergland, das Gießener Becken, die Hügellandschaft zwischen Braunfels und Weilburg sowie das Limburger Becken durchflossen. Einen weiten Rechtsbogen beschreibend dringt die in Nordrhein-Westfalen entspringende Lahn von Westen kommend hinter Bad Laasphe nach Hessen ein, wo sie sich vor Marburg südwärts wendet. Auf der Höhe von Gießen strebt sie schließlich wieder westwärts, um – zwischen Limburg und Diez die Landesgrenze zu Rheinland-Pfalz querend – bei Lahnstein in den Rhein zu fließen.

Das Quellgebiet der Lahn am zum südöstlichen Rothaargebirge gehörenden Hauptkamm des Naturraums Ederkopf-Lahnkopf-Rücken liegt an der Wasserscheide von Rhein und Weser. Hier entspringen unter anderem auch die Eder (5,4 km nordwestlich der Lahnquelle) und die Sieg (3 km nördlich). Während die Eder der Weser zustrebt, wenden sich Sieg und Lahn rheinwärts. Die bergige, dünn besiedelte Gegend war seit jeher stark bewaldet, unterbrochen von Weideflächen im Bereich der Ortschaften. Auf den Höhen haben Orkane teilweise schwere und nachhaltige Sturmschäden angerichtet. Zudem hat der Borkenkäfer den Baumbestand in den letzten Jahren deutlich sichtbar dezimiert, was dem Wanderer zumindest den Nebeneffekt zusätzlicher Fernsichten beschert. In den tiefen Taleinschnitten kann man idyllische Bachläufe und stille Stauteiche aufspüren. Der Lahnwanderweg führt Sie ins wildromantische Bachtal der Ilse, die hinter Feudingen in die Lahn mündet.

Die Natur steht auf den ersten Etappen eindeutig im Vordergrund, auch wenn die Städte Bad Laasphe und Biedenkopf mit Kurpark, Fachwerk und einer Burg zu beeindrucken wissen.

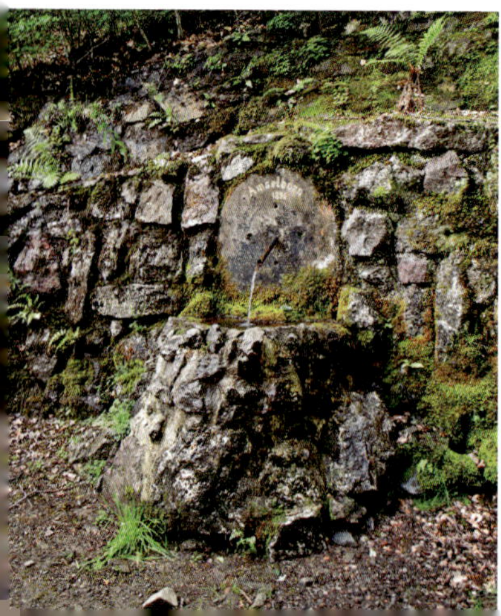

Amselbornquelle bei Biedenkopf.

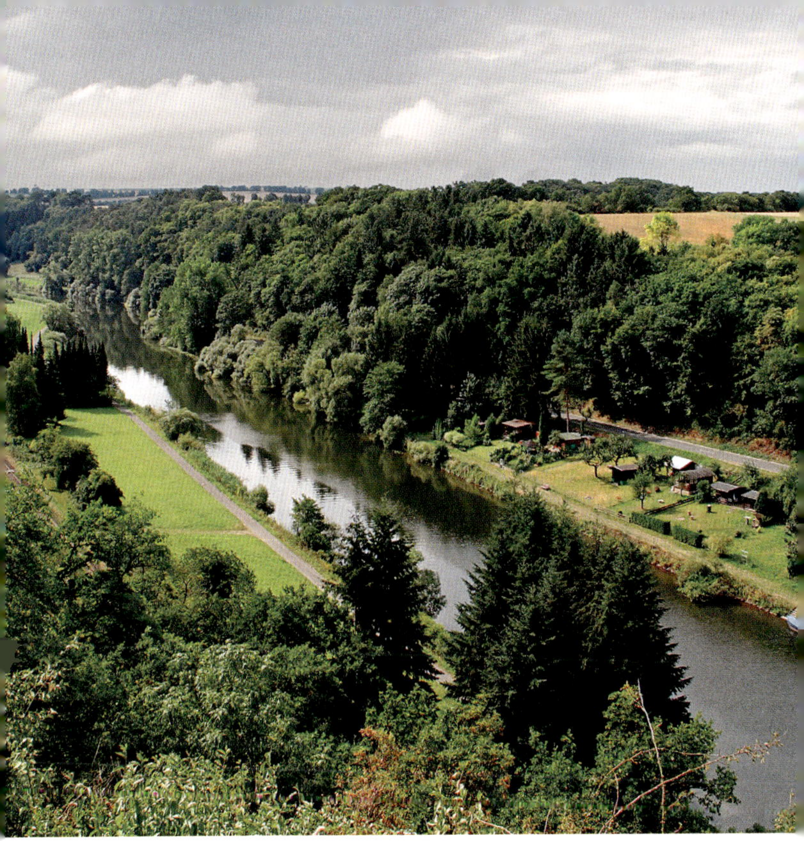

Wetterumschwung an der Wehrley.

Fast beiläufig stellt sich eine landschaftliche Veränderung ein. Die Täler werden breiter, die Hügel sind nicht mehr so hoch und auch die Lahn hat ihre Unscheinbarkeit abgelegt. Zu den Wiesen gesellen sich immer mehr Ackerbauflächen und bald ist mit Marburg auch eine echte Universitätsstadt in Reichweite. Das Gebiet zwischen Marburg und Wetzlar ist deutlich dichter besiedelt, ohne dabei seinen ländlichen Charme zu verlieren. Auch die von Menschen veränderte Natur kann entzücken, wenn man sich längs duftender Felder und Streuobstwiesen burgbekrönten Vulkankegeln nähert, wie bei Gleiberg. Ein moderates, wechselweise bewaldet oder offenes Hügelland durchstreifend strebt der Lahnwanderer Limburg zu, wobei er abseits des Flusses Braunfels besucht, das mit einer mächtigen Burg zu imponieren weiß. Nicht minder beeindruckend ist Weilburg, welches neben der größten noch vollständig erhaltenen barocken Schlossanlage in Hessen, auch einen geschmeidigen Lahnbogen anbieten kann. Auch Runkel mit der alten Lahnbrücke und der imposanten Burg sollte nicht unerwähnt bleiben, bevor sich der Limburger Dom auftürmt, zu dessen Füßen einer der schönsten Altstädte Deutschlands auf Sie wartet.

Hinter Diez mit seinem strahlend weißen Landgrafenschloss ändert sich die Landschaft ein weiteres Mal. Bis zu 200 m hat sich die Lahn auf ihrem Weg bis zur Mündung in das rheinische Schiefergebirge eingegraben und damit die natürliche Grenze zwischen Westerwald und Taunus konstruiert. Der Fluss, an deren Ufern sich zahlreiche malerische Orte gebildet haben, schlängelt sich canonartig zwischen den teilweise steil abfallenden Flanken hindurch. Durch die starke Bewaldung treten an vielen Stellen schroffe Felsformationen hervor. Aus keilförmigen Seitentälern speisen unzählige Bachläufe die reife Lahn, auf der neben den zahlreichen Freizeitpaddlern nun auch Ausflugsschiffe anzutreffen sind. Für den Wanderer stellen die Auf- und Abstiege nochmals eine sportliche Herausforderung dar, jedoch bietet das Areal auch eine Vielzahl atemberaubender Aussichtsplätze. Kulturelle Höhepunkte bilden Balduinstein mit seiner Burgruine, die Weinorte Obernhof und Weinähr, die alte Stadt Nassau und das Kurbad Bad Ems.

Verkehrstechnisch ist das Wandergebiet im Übrigen hervorragend erschlossen. Nahezu alle Etappenorte sind an das Bahnnetz angeschlossen. Zumindest sind sie aber mit Linienbussen erreichbar. Bitte beachten Sie hierzu die Anmerkungen in den Kurzinfos.

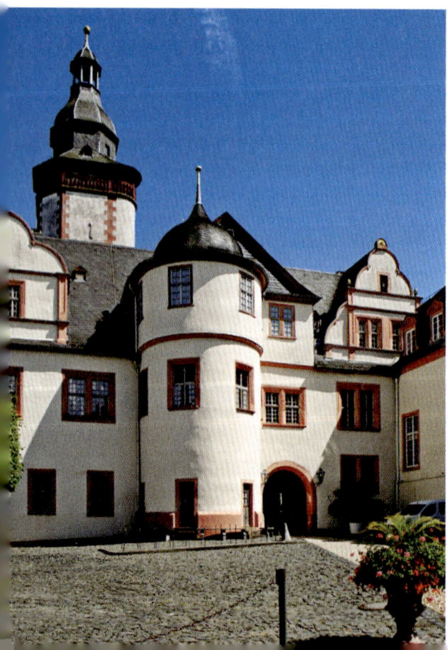

Der Fluss in Zahlen

Die Lahn entspringt am Lahnkopf (624 m über NN) im Rothaargebirge und mündet nach 245,6 km und einem Gesamtgefälle von 567 m bei Lahnstein in den Rhein. Sie durchfließt drei Bundesländer: Nordrhein-Westfalen auf den ersten 23 km, dann Hessen auf einer Länge von 165,6 km und schließlich Rheinland-Pfalz auf den letzten 57 km bis zur Mündung.

Innenhof des Schlosses Weilburg.

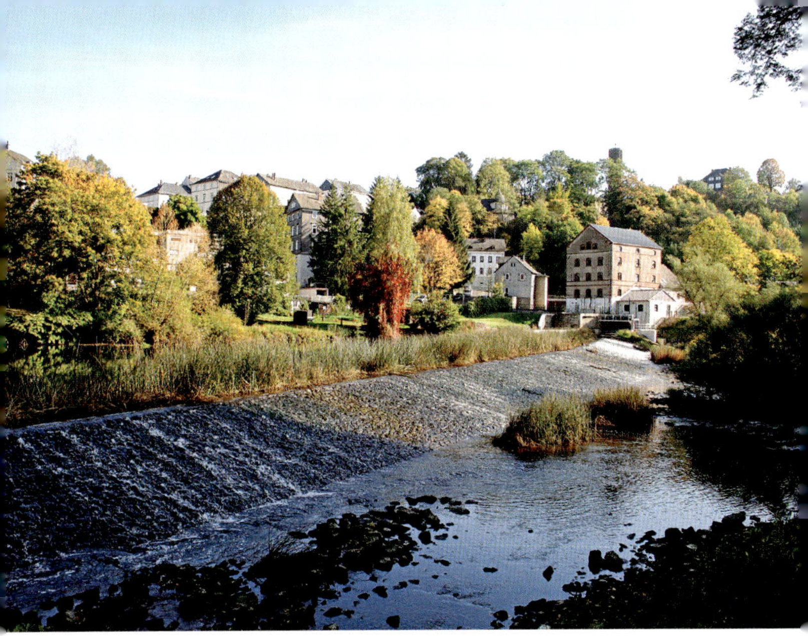

Herbst am unteren Wehr von Weilburg.

Sobald es die Wassertiefe zulässt, nutzen Wasserwanderer das Gewässer, und an der Lahnpromenade von Marburg kann man Tret- und Ruderboote mieten, wenngleich die befahrbare Strecke durch ein Wehr begrenzt ist. Offiziell schiffbar ist die Lahn ab dem Badenburger Wehr bei Gießen bis zur Mündung und somit auf einer Länge von 137,3 km. Im Bereich zwischen Gießen und Dehrn oberhalb von Limburg ist sie jedoch nur bedingt nutzbar, da die teilweise staugeregelte Strecke in der Regel nur für den Einsatz von Ruder- und Paddelbooten ausgelegt ist. Schleusen werden hier im Eigenbetrieb gesteuert. In Wetzlar gibt es wie auch in Lollar, Gießen und Heuchelheim eine Bootsgasse und eine Rollenanlage. Motoryachten und Ausflugsdampfer kommen auf der voll staugeregelten Strecke auf den letzten 70 km bis zur Mündung zum Einsatz. Hier werden die Schleusen von Fachpersonal betrieben. Insgesamt gibt es an der Lahn 29 Wehre und 23 Schleusen. Einzigartig ist der fast 200 m lange Schiffstunnel, der die Weilburger Lahnschleife abschneidet. Etwa 90 Brücken kreuzen die Lahn, die auf ihrem Lauf von zahllosen Bächen gespeist wird. Die wichtigsten Nebenflüsse sind nach Länge geordnet Ohm, Dill, Aar und Weil. Die Wasserkraft der Lahn wird von 25 Kraftwerken in Strom verwandelt.

Geologische Entstehung des Lahntals

Vor etwa 400 bis 360 Millionen Jahren war ein Großteil Mitteleuropas von einem Meer bedeckt. Nur einzelne Erhebungen lagen mehr als 300 m über dem heutigen Meeresspiegel. Mit dem Auseinanderbrechen des Urkontinents Pangäa und der anschließend einsetzenden Kontinentaldrift kam es durch die tektonischen Vorgänge zu einer Zermürbung der Erdkruste, in dessen Folge sich die Lahnmulde als eine Art Trog absenkte. Bis zu einer Ausbildung des Lahntals in seiner heutigen Form dauerte es aber noch viele Millionen Jahre. Der gewaltige Druck führte zunächst zu Verwerfungen, begleitet von vulkanischer Aktivität. Vulkankegel entstanden, wie beispielsweise Vogelsberg oder Amöneburg, deren aufsteigende Lava die tiefer liegenden Mulden füllte. Bei deren Erkalten bildeten sich Risse, in die Gesteinspakete abrutschten. Mit Beginn des Pleistozäns vor 2,3 Millionen Jahren formte sich durch ein weiteres Absenken der Kölner Bucht und des Oberrheingrabens sowie einer Anhebung des Rheinischen Schiefergebirges allmählich das Lahntal. Mit der Talbildung des Urrheins verstärkte sich auch das Gefälle von einer gleichförmigen Hochfläche im Bereich des Weilburger Raums Richtung Westen, wodurch die abfließenden Wassermassen das Bett der Urlahn immer weiter vertieften. Damit war ein Grundverlauf vorgezeichnet. Für den heutigen Verlauf sorgten in der Folgezeit die unterschiedlichen Gesteinshärten an den Ufern, die Ausbildung von Prall- und Gleithängen sowie viel später der Mensch mit seinen Eingriffen zur Begradigung des Flusses.

Gesteinsschichten im unteren Lahntal.

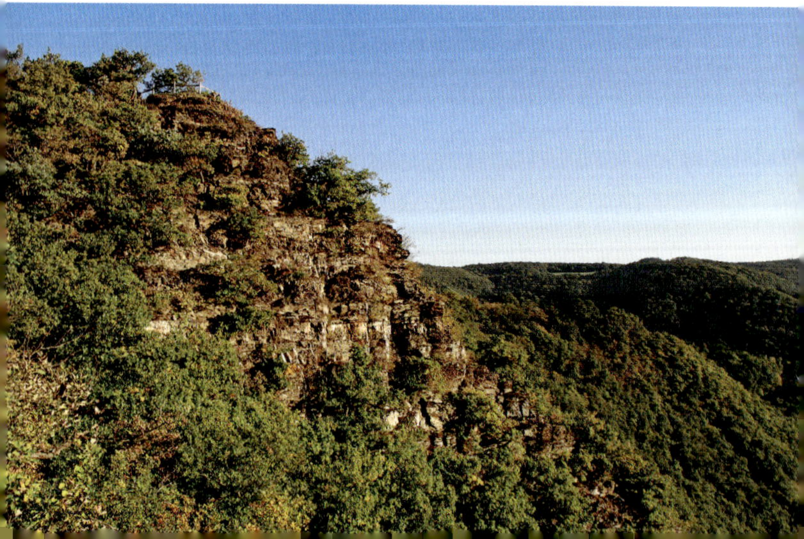

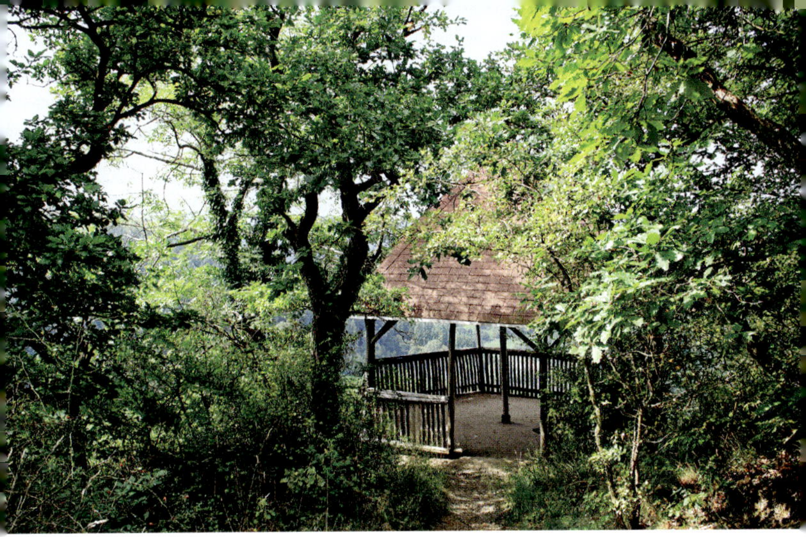

Schutzhütte am Gabelstein.

Flora und Fauna

So vielfältig wie die Landschaften des Lahntals sind die Tier- und Pflanzenwelten. Im Wesentlichen kann man naturräumlich zwischen drei Bereichen unterscheiden, dem waldreichen Mittelgebirge, den Lahnauen und den engen Tälern des Unterlaufs.

Trotz des einsetzenden Klimawandels und der Schädigungen durch den Borkenkäfer leben im Quellgebiet der Lahn die üblichen Wildtiere wie Rot-, Dam- und Rehwild, Wildschweine, Dachse und Füchse und auch Waschbären. Ebenso können mit etwas Glück im Luftraum, auf Wiesen, Feldern oder Bäumen Schwarzstörche, Wespenbussarde oder viele Spechtarten bewundert werden.

In den Lahnauen bietet sich dem Betrachter ein ganz anderes Bild. Hier hinterließ die jahrhundertelange Landnutzung und der neuzeitliche Kiesabbau ausgedehnte mit Auwaldresten und Abgrabungsgewässern gespickte Wiesenflächen. Während man auf den nährstoffarmen Freiflächen Bestände des Großen Wiesenknopfs vorfindet, gehören Schwarzerle oder Silberweide zu den typischen Baumbeständen der Auenwälder mit ihrem stehenden und liegenden Totholz und den zahlreichen Höhlenbäumen. Von den insgesamt 250 nachgewiesenen Vogelarten brüten 90 in den Lahnauen, darunter auch besonders bedrohte Arten wie Wachtelkönig oder Kiebitz. Neben verschiedenen Enten- und Gänsearten vermehrt sich seit Kurzem auch wieder der Weißstorch an der Lahn.

Die felsigen, tief eingeschnittenen Täler zwischen Diez und der Mündung bilden den Lebensraum für Greifvögel, Fledermäuse oder Reptilien. Exemplarisch ist dabei die Artenvielfalt im Naturschutzgebiet Gabelstein-Hölloch. Hier nutzen Falken, Bussarde und Milane die thermischen Verhältnisse für ihre Beobachtungsflüge, während in den Spalten und Nischen allerlei »lichtscheue« Lebewesen Zuflucht finden. Auch die Wildkatze ist zurück an der Lahn und durchstreift wieder die Wälder. Ihr zu begegnen, ist aber sehr unwahrscheinlich. Bewachsen werden die Felsen u. a. von Wimper-Perlgras, Goldhaar-Astern, Pechnelken oder blauem Lattich. In den Schluchten gedeihen Eschen und Ahorne sowie Schildfarne und Hirschzungen.

Besiedlung und Kulturgeschichte

Flusslagen waren schon immer beliebte Siedlungsgebiete und so ist es nicht erstaunlich, dass auch an den Gestaden der Lahn bereits in der Steinzeit Menschen lebten. Dies haben zahlreiche Funde belegt. Besonders aufsehenerregend ist dabei eine rund 7000 Jahre alte Siedlung der Bandkeramikkultur in Wetzlar-Dalheim, welche gegen Ende des 6. Jahrtausends v. Chr. bewehrt wurde. Dies deutet möglicherweise auf weitere Einwanderungen ins Lahngebiet hin. Auch bei Niederweimar südlich von Marburg konnten Ausgrabungen eine ununterbrochene Besiedlung von der Jungsteinzeit über die Latènezeit bis zum Aufzug der Römer belegen. Das Quellgebiet und der Oberlauf waren zwar wegen ihres Wasser- und Wildreichtums geschätzt, blieben jedoch wegen des rauen Klimas eher dünn besiedelt. Besonders bevorzugt waren die fruchtbaren Gebiete, wie etwa das Gießener

Römisches Forum Waldgirmes.

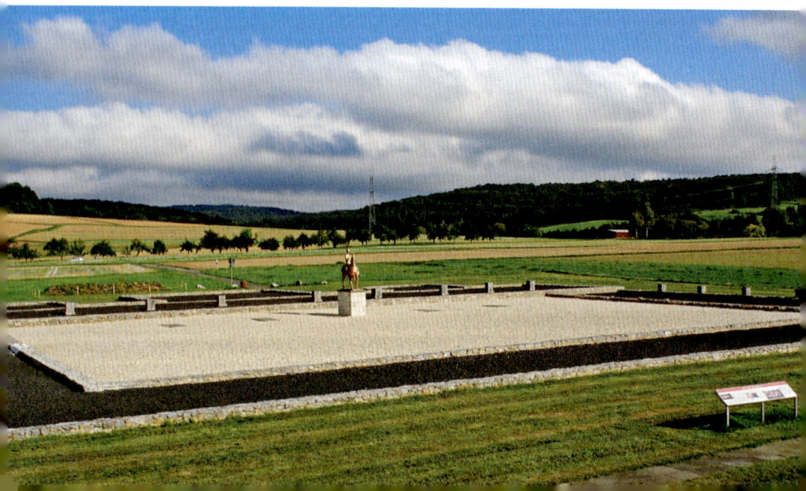

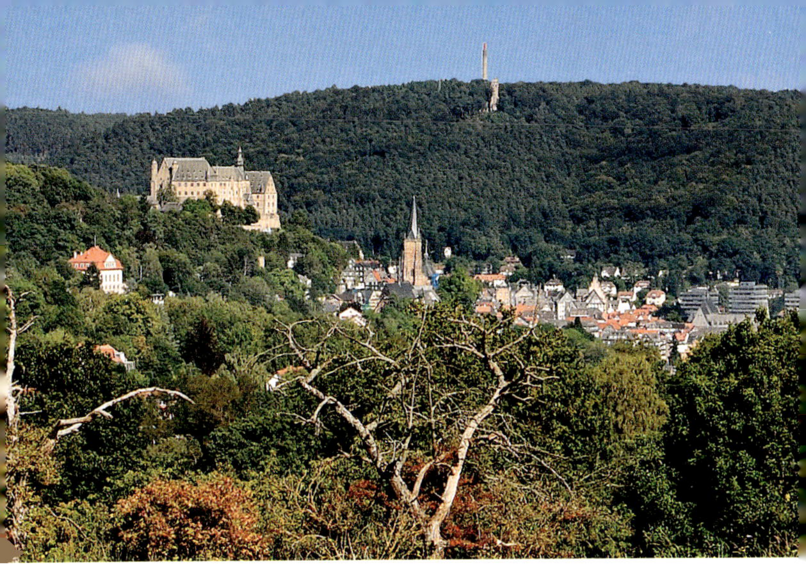

Blick zum Marburger Landgrafenschloss.

Becken, in welchem zur Zeit des römischen Vorstoßes Chatten lebten, ein germanischer Volksstamm, der von Norden her eingewandert war. Neben der günstigen Lage an den Ufern des Flusses erhielt die Lahn zunehmend auch wegen ihrer Nutzung als Handels- und Transportweg eine immer größere Bedeutung. Römische Okkupationsbemühungen des Lahngebietes können durch nachgewiesene temporäre Militärlager und ein römisches Forum in Waldgirmes belegt werden. Die Ausgrabungsstätte des Letzteren liegt in unmittelbarer Nähe des Lahnwanderweges. Die Versorgung der römischen Residenzen erfolgte dabei größtenteils über die Lahn, welche mit flachen Lastkähnen befahren werden konnte. Nach zahlreichen regionalen Konflikten und den großen Rückschlägen im germanischen Hinterland errichteten die Römer in der Zeit zwischen 100 und 160 n. Chr. mit dem Limes eine dauerhafte Grenzlinie, die u. a. durch Taunus und Westerwald führte und die Lahn bei Bad Ems kreuzte. Zwischen Anfang des 2. und Mitte des 3. Jahrhunderts gab es hier ein 1,3 ha großes römisches Steinkastell.

Nachdem innere Konflikte das Römische Reich stark geschwächt hatten und die Sicherung des Limes immer halbherziger betrieben wurde, führte ein Ansturm der erst kurz zuvor eingewanderten Alamannen in den Jahren 259 und 260 n. Chr. zur endgültigen Vertreibung der Römer aus dem Lahngebiet. Die Alamannen ihrerseits wurden durch die Franken vertrieben, die seit dem 6. Jahrhundert ins Mittelrhein-Main-Gebiet vorgedrungen waren. Unter ihrem Einfluss kam es ausgehend von Trier zu ersten Missionierungen im Lahngebiet. Aus der fränkischen Zeit stammen auch erste Belege für den einsetzenden Weinbau an der Lahn, der aber erst seit dem 12. Jahrhundert stärker ausgeprägt ist. Es war die Zeit des Burgenbaus, wodurch regionale Herrschaftszentren etabliert wurden. Verwaltungsrechtlich war das Land in fränkische Gaue eingeteilt, in dem Grafen als königliche Beamte zivile und militärische Aufgaben übernahmen. Als sich im Hochmittelalter (ab Mitte des 11. Jahrhunderts) der Einfluss des fränkisch-karolingischen Königtums verminderte, gelang es einigen Grafengeschlechtern ihre lokale Dominanz auszuweiten. Zu nennen sind für das Lahntal u. a. die Grafen von Gleiberg, Diez, Nassau oder Laurenburg, aber auch jene von Braunfels oder Runkel. Stadtgründungen und die Erlangung von Marktrechten festigte die wirtschaftliche und politische Position der Landgrafen in der Region. Tief greifende Einschnitte brachte in der frühen Neuzeit (ab 1500) die Reformation sowie die damit verbundene Bevölkerungszunahme in den Städten. Universitäten wurden gegründet, Schlösser errichtet, wie etwa der imposante Renaissancebau in Weilburg oder die Anbauten am Marburger Schloss. Der Dreißigjährige Krieg (1618–48) führte zu starken Bevölkerungsverlusten und auch die nachfolgenden kriegerischen Auseinandersetzungen führten immer wieder zu Rückschlägen in der Entwicklung des Landes. Förderlich waren die reichhaltigen Erzvorkommen, von denen später noch die Rede sein wird. Sie beförderten vor allem in Friedenszeiten die gewerbliche Entwicklung der größeren Städte an der Lahn. Während die meisten Sakral- und einige Feudalbauten des Mittelalters und der Neuzeit noch heute erhalten sind, wurden im Laufe der Jahrhunderte insbesondere viele Schutz- und Trutzburgen dem

Schloss Braunfels.

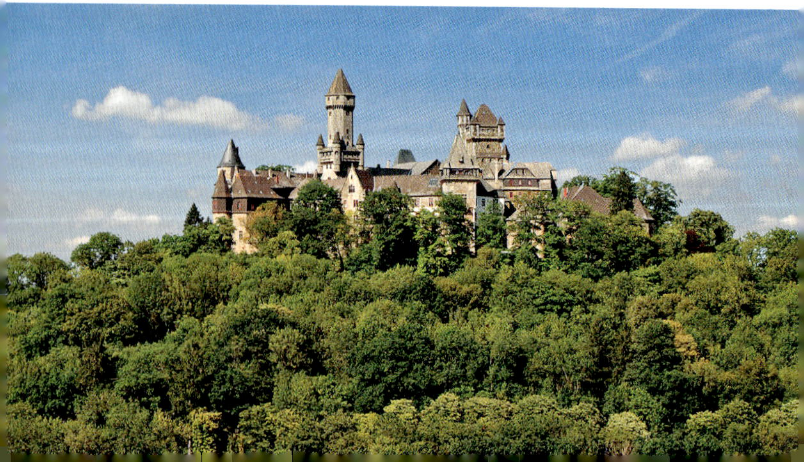

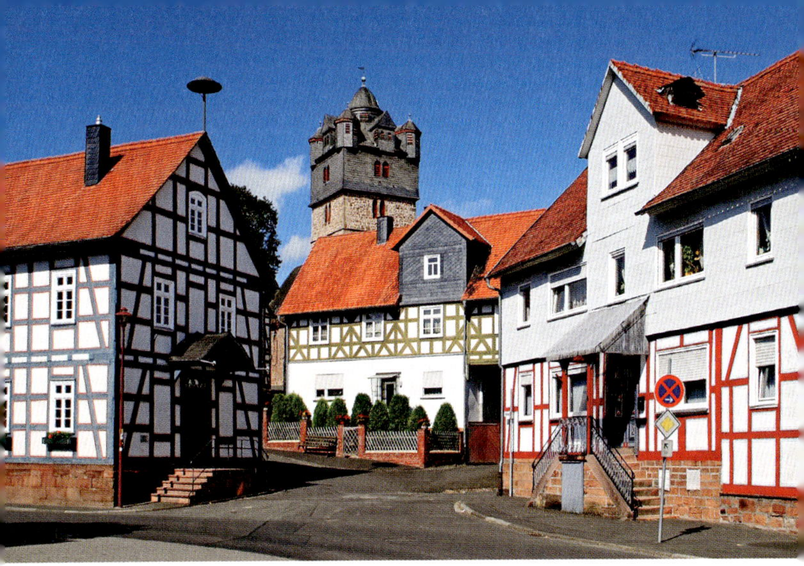

Viel Fachwerk in Fronhausen.

Verfall preisgegeben und ihre Substanzen als Baumaterial für Häuser und Straßen verwendet. Die Ende des 18. Jahrhunderts einsetzende Romantik stilisierte die Überreste maroder Bauwerke zu Metaphern für Abschied, Tod und Vergänglichkeit. Erhaltungsbestrebungen und Teilrestaurierungen ist es zu verdanken, dass der geneigte Wanderer auch heute noch vielerorts Blicke in die wechselhafte Vergangenheit des Lahntals werfen kann.

Bergbau, Marmor und die Schifffahrt auf der Lahn

Der Abbau von Eisenerz war über viele Jahrhunderte ein wichtiger Erwerbszweig für die Bewohner des Lahntals. Sowohl im Lahn-Dill-Kreis als auch im unteren Lahntal gab es zahlreiche Gruben, wovon einige im Bereich von Wetzlar schon zur Römerzeit erschlossen worden sein dürften. Erste urkundliche Erwähnungen im Lahn-Dill-Gebiet dokumentieren den Betrieb von Gruben im 8. Jahrhundert. Abgebaut wurden u. a. Blei, Braunkohle, Kupfer, Nickel, Zink und Silber. Selbstverständlich kam es im Zuge der steigenden Nachfrage nach Eisenerzeugnissen auch zu Stätten der Weiterverarbeitung. Was mit einfachen Rennöfen und Waldschmieden begann, gipfelte im Bau von Hammerwerken und Hütten. An Bachläufen nutzte man dabei die Wasserkraft für den Antrieb von Blasebälgen und Schmiedehämmern. Erste urkundlich nachweisbare Hüttenwerke existierten beispielsweise in Feudingen (ab 1408), Biedenkopf (ab 1521) oder Braunfels (ab 1666). Wer mehr über

den Abbau von Eisenerz erfahren möchte, sollte das Besucherbergwerk Fortuna in Solms-Oberbiel besuchen.
Ein beliebter Baustoff insbesondere für Prunkbauten war das polierbare Kalkgestein aus dem Lahntal, das als Lahnmarmor oder auch Nassauer Marmor weit über die Grenzen des Abbaugebietes hinaus bekannt ist. So ziert es nicht nur den Marmorsaal des Bad Emser Kurhauses, sondern wurde beispielsweise auch in der St. Petersburger Eremitage oder im Palast des Maharadschas von Tagore verbaut. Die Abbaubemühungen reichen nachweislich bis ins 16. Jahrhundert zurück und konzentrierten sich auf die Gegenden um Villmar, Schupbach bei Limburg, Diez und Balduinstein.
Es waren also vor allem die Bodenschätze, die das Lahntal wirtschaftlich interessant machte und den Austausch von Rohstoffen und Waren in der Region beförderten. Da der Fluss im Rothaargebirge keine verkehrsspezifische Relevanz hatte, war man hier auf Handelsstraßen angewiesen. Von großer Bedeutung war hier vor allem die Eisenstraße, die vielfach auch als Kohlenstraße bezeichnet wurde. Auf ihr wurde jahrhundertelang Holzkohle vom Wittgensteiner ins Siegerland transportiert und in umgekehrter Richtung seit der frühen Neuzeit Roheisen. Durch den Bereich um Marburg verlief seit dem 7./8. Jahrhundert eine Wagenstraße, die das Rhein-Main-Gebiet mit dem Norden verband. Sie wurde früher »Weinstraße« genannt, wobei sich diese Bezeichnung vom hessischen »Waan« für Wagen ableitet.
Die wirtschaftliche Entwicklung des mittleren und unteren Lahntals ist eng mit der Nutzung des Flusses als Transportmittel verbunden. Eine wichtige Bezeugung der Schifffahrt an der Lahn stellt das sogenannte Stapelrecht von Diez im frühen 13. Jahrhundert dar. Es regelte, dass alle Güter, die über Diez hinausgingen, dort umgeladen werden mussten. Aber erst im sogenannten Bertram'schen Vertrag von 1494 wurde die Lahn als Transportweg genannt. Leinpfade für Pferde wurden am Unterlauf der Lahn zwischen 1593 und 1599 auf Weisung von Johann VI. von Nassau-Dillenburg angelegt. 1606 kam es zu ersten Vertiefungen für die Schifffahrt. Der Verkehr war jedoch wegen der zahlreichen Mühlenwehre auf kleine Boote beschränkt. Ein Ausbau der Lahn zur Wasserstraße erfolgte erst ab 1740 durch Bestrebungen von Kurtrier. Für größere Schiffe blieb zwar weiterhin nur der Mündungsbereich befahrbar, jedoch gab es ab 1753/54 Treidelpfade und Uferbefestigungen zu den größeren Orten an der mittleren Lahn. Wirtschaftliche Grundlage des Ausbaus war die nun immer stärkere Nachfrage der an der Lahn geförderten Bodenschätze, allen voran Erze. Weitere Uferbefestigungen und Vertiefungen der Fahrrinne ermöglichten ab 1810 den Einsatz von 18-Tonner-Schiffen bis Weilburg. Um 1835 waren rund 80 größere Boote mit geringem Tiefgang auf der Lahn im Einsatz. Mit der Erfindung der Eisenbahn und dem Bau der Lahntalbahn zwischen 1857 und 1863 mit neun großen Brücken und 18 Tunneln bekam die Lahnschifffahrt eine übermächtige Konkurrenz, die sich letztlich durchsetzte.

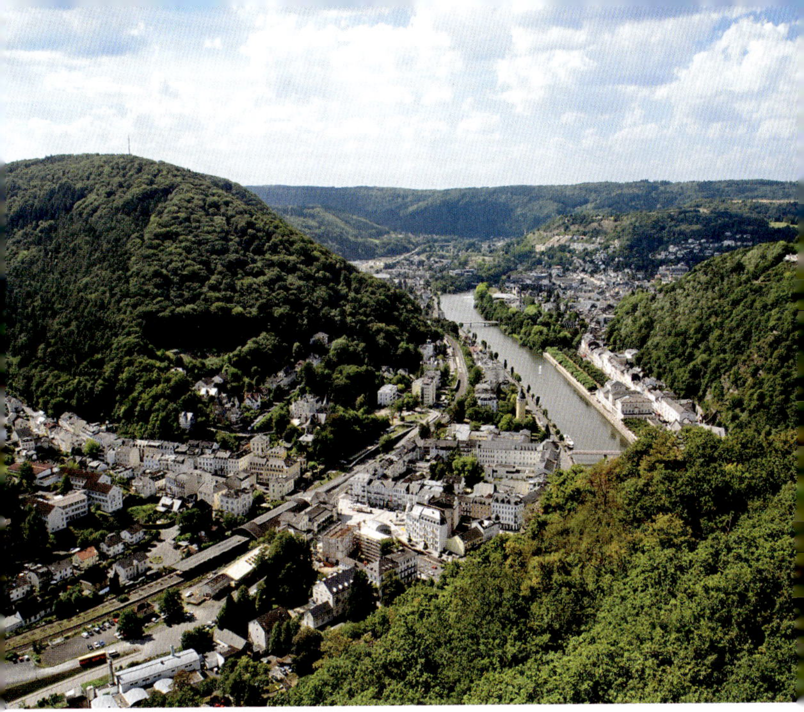

Blick vom Concordiaturm auf Bad Ems.

Wandern im Lahngebiet

Rothaargebirge, Westerwald, Taunus und Gladenbacher Bergland bieten eine wahre Fülle herausragender Wanderwege. Einige bekannte Fernwanderwege kreuzen dabei auch den Lahnwanderweg, wie der Rothaarsteig im Bereich der Lahnquelle, der Limesweg in Bad Ems oder der Rheinsteig vor Lahnstein. Weiter westlich beginnt der Westerwaldsteig. Immer wieder begegnen dem Wanderer die Jakobosmuschel des Lahn-Camino oder vereinzelt auch noch die L-Markierung des alten Lahnhöhenwegs. Kürzere Mehrtageswege stellen der Lahn-Dill-Bergland-Pfad, der Burgwaldpfad oder die Lahnhöhen-Extratour dar. Daneben gibt es natürlich unzählige Themenwege oder örtliche Wanderangebote. Besonders empfehlen möchte ich Ihnen den Kelten-Römer-Pfad bei Gleiberg-Krofdorf und den Boxbachpfad in der Nähe von Bad Laasphe. Eine Übersicht über zahlreiche Erlebnis-Wanderwege im Lahngebiet, die sogenannten Lahn-Facetten, finden Sie auf den Seiten des Lahntal Tourismus Verbandes e. V. unter daslahntal.de/wandern.

Der Lahnwanderweg

Der Qualitätsweg entlang der Lahn

Waldreiche Bergkuppen, verwunschene Täler, fantastische Ausblicke, historische Städte und ein Fluss, der sich vom unscheinbaren Wiesenbach zum schiffbaren Strom entwickelt. Das ist die Kulisse für einen der schönsten Fernwanderwege Deutschlands. Er erfüllt auf einer Gesamtlänge von rund 290 Kilometern die anspruchsvollen Kriterien hinsichtlich durchgehender Markierung, Wanderfreundlichkeit, Abwechslung und möglichst großer Naturbelassenheit des Deutschen Wanderverbandes e. V. (DWV) und wurde daher auch 2023 wieder offiziell als »Qualitätsweg Wanderbares Deutschland« zertifiziert.

Derjenige, der den ganzen Weg von der Quelle bis zur Mündung wandert, erlebt die erstaunliche Entwicklung der Lahn, die von einem schmalen Rinnsal über einen mäandernden Wiesenbach zu einem schiffbaren Fluss mutiert, wobei sie aber niemals den Zauber der sie umgebenden Stille ablegt. Dieser besondere Charme geht auf den Weg über, sodass man auf ihm die sehr unterschiedlichen Landschaften in einer unaufgeregten, ruhigen Stimmung zu durchgleiten vermag. Verwunschene Wälder an der Quelle, weite Auenlandschaften im mittleren Lahntal und wildromantische Schluchten auf dem letzten Drittel verkörpern die Vielfalt des Weges. Aussichtsreiche Höhen

Idylle bei Heiligenborn im Rothaargebirge.

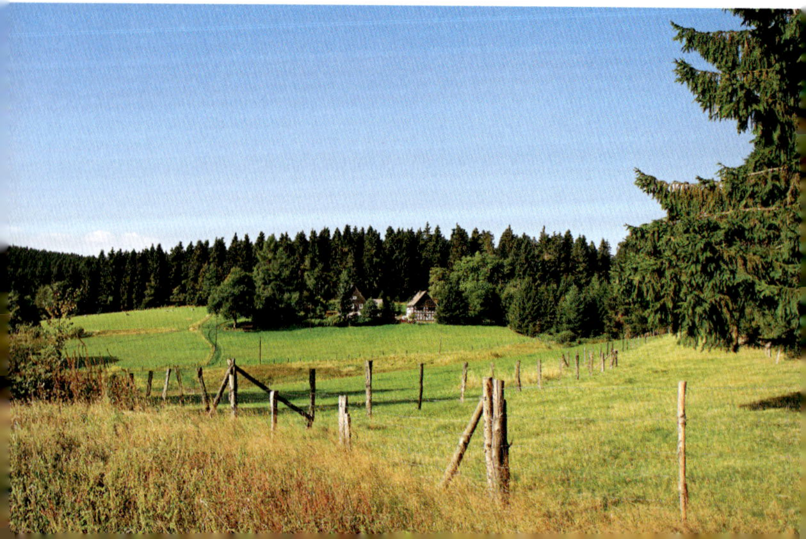

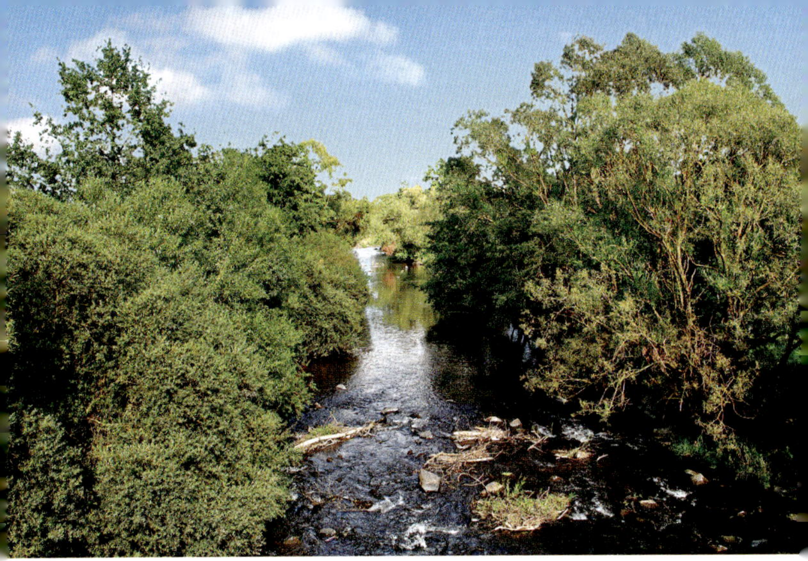

Dicht bewachsenes Lahnufer bei Sterzhausen.

und liebliche Flusspassagen stehen in einem ausgewogenen Verhältnis und verbinden dabei auf angenehmste Weise die zumeist baugeschichtlich interessanten Etappenorte mit ihren Fachwerkhäusern, Kirchen, Burgen und Schlössern.
Die Anforderungen, welche die einzelnen Etappen an den Wanderer stellen, bemessen sich an der Länge, den Höhendifferenzen und der Beschaffenheit des Weges. In jeder dieser Kategorien ist der Lahnwanderweg insgesamt als moderat einzustufen. Alle Tagesetappen sind zeitlich gut zu bewältigen, die Auf- und Abstiege zuweilen zwar kräftig, jedoch verhältnismäßig kurz. Vorrangig verläuft die Strecke auf ausgebauten und gut gepflegten Wegen. Da die Wegplaner dem Anspruch gerecht wurden, einen möglichst naturnahen Wanderweg zu schaffen, trifft man an vielen Stellen auf steiniges und von Wurzeln durchzogenes Geläuf. Wenn man die übliche Aufmerksamkeit walten lässt, stellt dies aber keine besondere Gefahr dar. Erfreulicherweise habe ich die durch Wiesen verlaufenden Abschnitte zumeist frisch gemäht vorgefunden. Nur wenige Passagen erfordern Trittsicherheit oder gar Schwindelfreiheit, wenn es über felsige Pfade geht. Im Bereich des ausgewiesenen Klettersteigs am Goethepunkt bei Weinähr oder der Ruppertsklamm werden unproblematische Alternativen angeboten. Auf den allermeisten Etappen gibt es viele Schutzhütten, Rastplätze und Bänke; insbesondere an nahezu allen lohnenden Aussichtspunkten.

Wanderrichtung, Etappenlängen und Zeitangaben

Der Lahnwanderweg kann in beiden Richtungen bewandert werden. Traditionell folgen Flusswegwanderer aber dem Lauf des Wassers. Psychologisch gesehen ist es ja auch durchaus nachvollziehbar, da man so die Entwicklung des Flusses miterlebt. Hat man nicht die Zeit, den Flusslauf von der Quelle bis zur Mündung zu begleiten, können einzelne Etappen ausgelassen und nur Teile des Weges erwandert werden, weil man problemlos mit der Bahn von Etappenort zu Etappenort kommt. Da der Gesamtweg wie oben beschrieben drei recht unterschiedliche Landschaftsformen durchzieht, kann man bei der Auswahl von Einzeletappen persönliche Präferenzen berücksichtigen. Wie Sie sich auch entscheiden und trotz teilweise anspruchsvoller Passagen verspricht das Lahntal eine Fülle dichter Naturerlebnisse.

Bei den Etappenlängen habe ich mich weitestgehend an die Empfehlungen des Lahntal Tourismus Verbandes gehalten (siehe lahnwanderweg.de). Jedoch wurden die empfohlenen 19 Etappen auf 17 verdichtet, was vor allem zwei Gründe hatte. Zum einem wollte ich bei den Etappenlängen den üblichen Ansprüchen von Mehrtageswanderern gerecht werden, die Tourlängen zwischen 15 und 25 Kilometern bevorzugen. Zum anderen wurden Etappenorte gewählt, in denen es – bis auf wenige Ausnahmen – ausreichende Übernachtungsmöglichkeiten gibt.

Wer den Weg entlang der vorgeschlagenen Route dieses Wanderführers geht, wird am Ende insgesamt 298,4 km zurückgelegt haben. Im Schnitt liegt die Etappenlänge bei 17,6 km. Wenn einige wenige der von mir vorgeschlagenen Etappen kürzer sind (unter 15 km), so ist dies damit begründet, dass am Start- oder Zielort noch Zeit für eigenständige Erkundungen zur Verfügung stehen sollte. Einige der Städte, die Sie auf ihrem Weg durchs Lahntal passieren, sind überaus sehenswert!

Die angegebenen Wanderzeiten sind generell als grobe Richtwerte zu betrachten. Zu unterschiedlich sind die Gehgeschwindigkeiten und es ist doch selbstverständlich, dass jeder Wanderer den Weg auf seine Weise genießen soll. In den Texten habe ich daher gänzlich auf Zeitangaben verzichtet und mich an den objektiven Wert der Weglänge gehalten. Zusätzliche Hinweise auf Steigungen und Wegbeschaffenheit erlauben dann persönliche Einschätzung. Bei den Richtzeiten handelt es sich selbstredend um die reinen Gehzeiten ohne größere Pausen, wohl aber inklusive kleinerer Stopps zur Betrachtung der Landschaft.

Achtung: Wer nachmittags oder abends mit öffentlichen Verkehrsmitteln zu seinem Ausgangspunkt zurückkehren möchte, sollte sich vorher unbedingt mit den Gegebenheiten vor Ort und den aktuellen Fahrplänen vertraut machen! Zwar sind alle Etappenorte an das Netz des öffentlichen Nahverkehrs angeschlossen, es kann jedoch sein, dass spät abends keine Verbindungen mehr bestehen. In der Regel gibt es zwischen den Ausgangs- und Endpunkten direkte Bus- oder Zugverbindungen. Beachten Sie hierzu die Kurzinfo zu den jeweiligen Etappen.

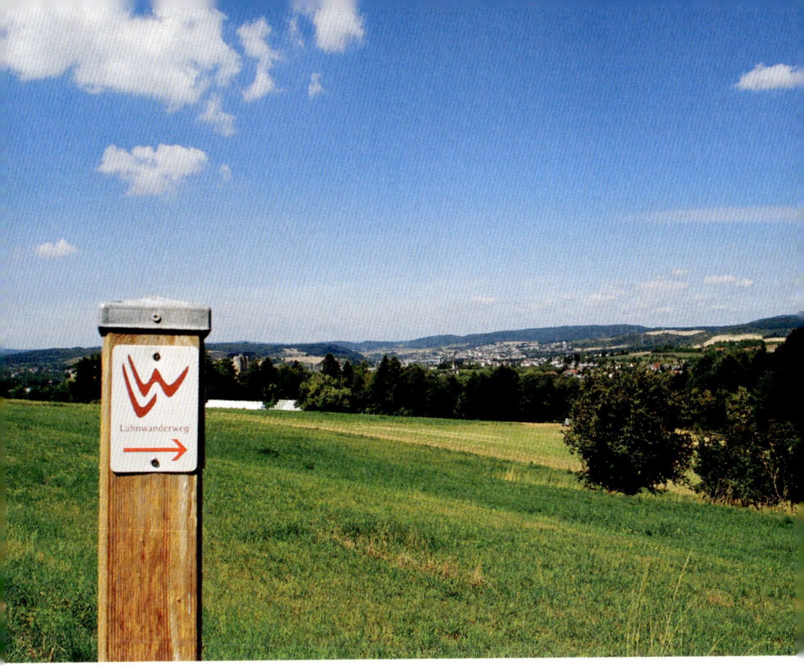

Vorzügliche Wegmarkierung allerorten.

Markierung

Die gesamte Strecke ist durch ein charakteristisches Logo gekennzeichnet, welches die rote Buchstabenkombination LW auf weißem Grund zeigt. Die Form der Einzelbuchstaben mag dabei je nach Sichtweise tiefe Taleinschnitte, spitze Hügel oder auch einen geschwungenen Flusslauf versinnbildlichen. Neben dem Hauptweg gibt es allerorten Zuwege. Bei deren Markierungen sind die ebenfalls roten Initialen des Lahnwanderwegs gelb unterlegt.

Die Beschilderung des Lahnwanderwegs ist durchgehend hervorragend. Wen wundert es, der Weg ist immerhin ein ausgezeichneter Qualitätsweg. Aufgrund regelmäßiger Kontrolle kommt es daher so gut wie nicht vor, dass Markierungen zugewachsen oder anderweitig verloren gegangen sind.

Auch wenn es zu erwarten ist, dass im Laufe der Jahre so manche Markierung Sturmschäden oder Waldarbeiten zum Opfer fällt, gehe ich davon aus, dass regelmäßige Kontrollgänge und Ausbesserungsarbeiten die durchgehend ordentliche Markierung aufrechterhalten. Sollte die Markierung an der einen oder anderen Stelle mehrdeutig oder verwirrend sein, so weist der vorliegende Wanderführer eindringlich auf die entsprechenden Wegstellen hin. Aber Hand aufs Herz, es gibt so gut wie keinen Punkt, an dem man sich verlaufen könnte. Großes Lob also an die Wegepaten, die sich nicht nur damit begnügt haben, die roten LW-Logos und Pfeile zu platzieren, sondern an vielen Stellen Wegweiser mit Entfernungsangaben positioniert haben. Dennoch sollte man trotz guter Markierung und ausreichender Beschreibung keinesfalls auf den Einsatz von (digitalen) Wanderkarten verzichten, da man den Streckenverlauf besser einschätzen und eigenständig Abstecher einschieben kann.

Wanderkarten

Von Beginn an war der Lahnwanderweg nicht auf allen erhältlichen Wanderkarten verzeichnet.

Das lag vor allem daran, dass das hessische Vermessungsamt nach Fertigstellung des Qualitätsweges keine neuen topografischen Wanderkarten aufgelegt hat. Es gibt generell kaum noch neue Wanderkarten und die älteren werden oftmals nicht mehr nachgedruckt, geschweige denn hinreichend aktualisiert. Zwar hat der LW-Wanderer das Glück, dass er fast durchgehend auf mustergültige Wegmarkierungen trifft und natürlich sicher von diesem Wanderführer geleitet wird, aber er kann eben keine gedruckten Wanderkarten zu Rate ziehen, wenn er sich doch einmal verlaufen hat. Insbesondere im hessi-

Mustergültig: Wegweiser mit Kilometerangaben.

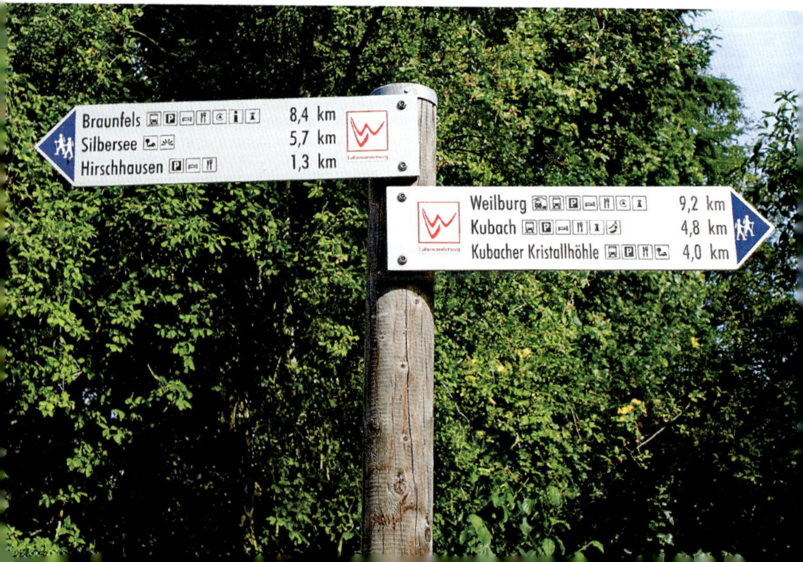

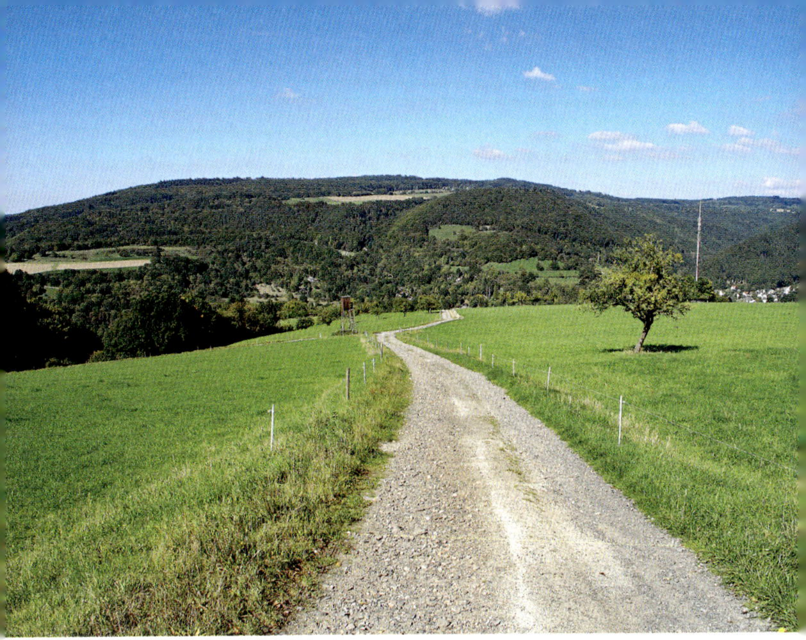

Der Weg ist das Ziel!

schen »Outback« heißt das, dass der Wanderer auf digitale Alternativen umsteigen muss. Von der Homepage des Rother Bergverlags können Sie sich daher nicht nur die GPS-Tracks zu jeder Tagesetappe herunterladen, sondern auf Ihrem Smartphone auch die Rother-App samt Kartenmaterial installieren (siehe S. 11).

Beste Jahreszeit

Wie schon mehrfach geschildert, durchfließt die Lahn drei unterschiedliche Landschaftsformen. Diese unterschiedlichen Gegebenheiten bilden in gewissem Maße auch die klimatischen Räume ab, was sich insbesondere bei den Temperaturen zeigt. Während in den Auen um Marburg und Wetzlar schon die Frühjahrsblüte beginnt, kann in den Höhenlagen des Rothaargebirges noch Schnee liegen. Genauso sollte man dort und im Westerwald bereits kalte Herbstwinde einkalkulieren, wenn in den Tälern noch die Biergärten geöffnet haben.
Grundsätzlich haben Sie es im Wandergebiet aber mit einem gemäßigten Klima zu tun, sodass ein Besuch der unterschiedlichen Areale des Lahntals zu jeder Jahreszeit seinen eigenen Reiz haben kann. Wer Schneewanderun-

gen liebt, sollte im Winter sein Glück im Bereich der Lahnquelle versuchen, wobei man – hier wie auch andernorts – beachten sollte, dass Museen, Hotels und Restaurants in den Wintermonaten teilweise geschlossen sind. Ebenso ist in der dunklen Jahreszeit insbesondere für mehrtägige Wanderungen die Tageslänge (Sonnenauf- und -untergänge) entscheidend eingeschränkt. Gerade im Wald sind die Lichtverhältnisse mit einsetzender Dämmerung in erheblichem Maße beeinträchtigt. Die Empfehlung geht ohnehin ganz klar in Richtung April bis Oktober. Während im Frühjahr die Blüte der Obstbäume und das zarte Grün der Laubwälder stimmungsvolle Akzente setzen, besticht der Sommer mit sattem Grün und kühlendem Schatten. Wegen des hohen Anteils an Laubbäumen ist eine Herbstwanderung besonders reizvoll, wenn goldgelbe und rötliche Blätter farbenprächtige Kulissen in die Landschaft zaubern.

Mittlerweile exklusiv: Weinberge an der Lahn bei Obernhof.

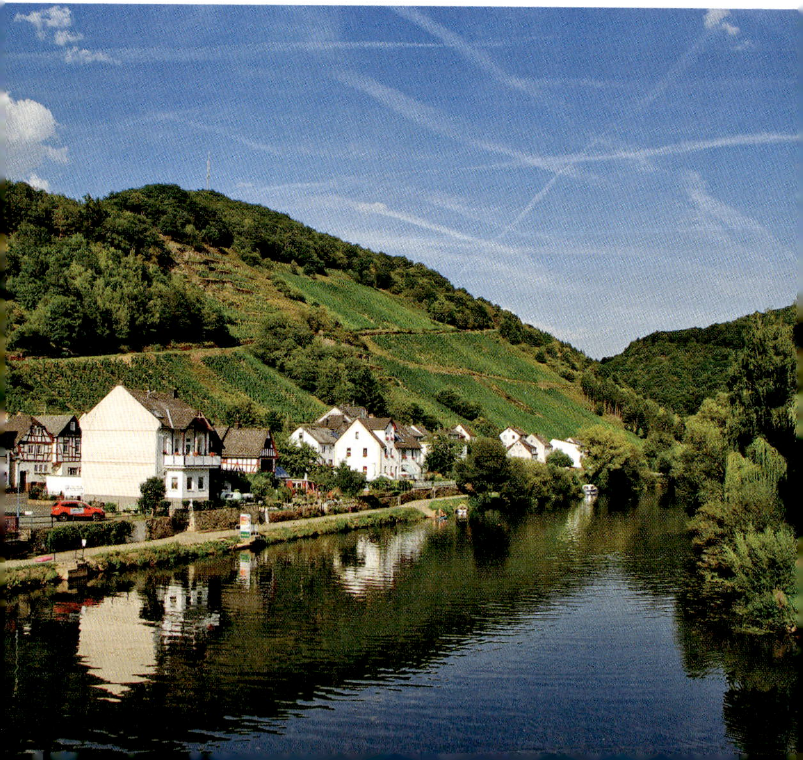

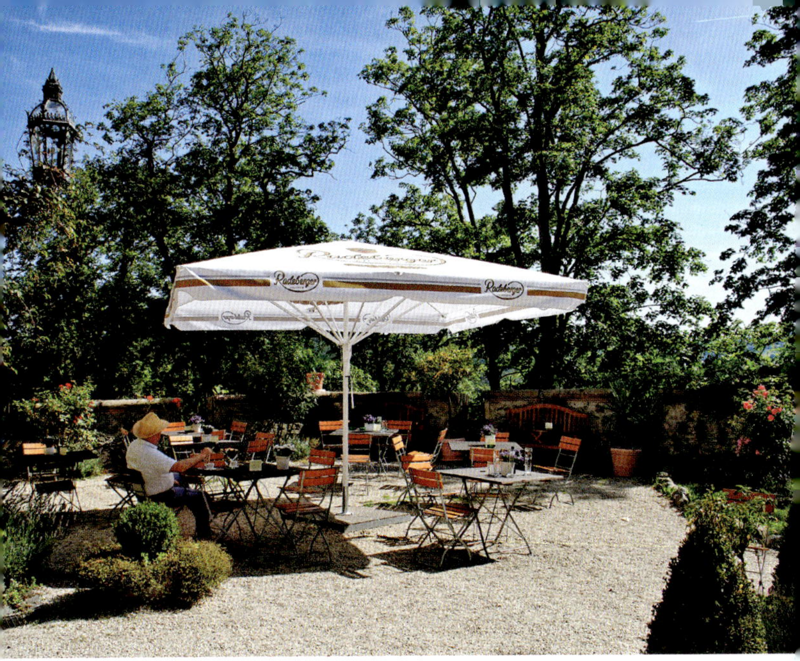

Stilvolles Café auf Schloss Braunfels.

Einkehr und Unterkunft

Das gesamte Wandergebiet ist eine Region der Gastlichkeit. Man muss allerdings zwischen den größeren, namhaften Orten am Wegverlauf und den zahlreichen Dörfern und Weilern unterscheiden. Während in den touristischen Zentren zahlreiche Hotels, Pensionen und Restaurants zur Verfügung stehen, gibt es in den kleineren Siedlungen nur bedingt Einkehrmöglichkeiten. Beachten Sie daher die Anmerkungen in den jeweiligen Infotexten. Bei Etappen, die fast ausschließlich durch die Natur verlaufen und bei denen eine Einkehr nur mit einem größeren Umweg zu realisieren wäre, rate ich dazu, ausreichend Verpflegung mitzunehmen. Genügend Getränke sollte man ohnehin immer dabei haben. Im Rothaargebirge gibt es sogar einige Brunnen mit Trinkwasser. In den Etappenorten zu übernachten, ist weitgehend unproblematisch. Einzig in Buchenau und Aumenau besteht derzeit keine Übernachtungsmöglichkeit, sodass Sie hier per Bus oder Bahn zu nahe gelegenen Unterkünften fahren müssen. Die Verbindung ist aber gut. Ihre Gastgeber sind durchweg freundlich und auf Wanderer eingestellt. Zu jeder Etappe finden Sie in der Regel zwei Unterkünfte, die als Auswahl zu verstehen sind. In der Hauptsaison (Mai bis Oktober) ist es ratsam, die Zimmer im Voraus zu reservieren, insbesondere an Wochenenden! Falls Sie einmal keine Übernachtungsmöglichkeit buchen können, kann man mit Bussen oder der Bahn einen nahe gelegenen Ausweichort erreichen. Alle Etappenorte sind an das Netz des in der Region gut ausgebauten öffentlichen Nahverkehrs angeschlossen.

Bekleidung und Ausrüstung

Geeignetes Schuhwerk ist sicherlich der wichtigste Bestandteil für ein vollkommenes Wandervergnügen. Da der Lahnwanderweg immer wieder über naturnahe Wege mit Verwurzelungen und losem Gestein führt, sollte es fest sein und im Idealfall über den Knöchel reichen. Die Sohle sollte ein entsprechendes Profil aufweisen, da einige Passagen bei feuchter Witterung rutschig sein können. Selbstverständlich gehören Blasenpflaster zur Ausrüstung, gerade dann wenn Ihre Wanderschuhe noch nicht ausreichend eingetragen sein sollten. Bei mehrtägigen Wanderungen sollte man Wetterumschwünge einkalkulieren und sowohl einen Regenschutz als auch wärmere Kleidung mitführen. Vor allem im Frühjahr und Herbst können die auftreten-

Schutzhütte am oberen Einstieg zur Ruppertsklamm.

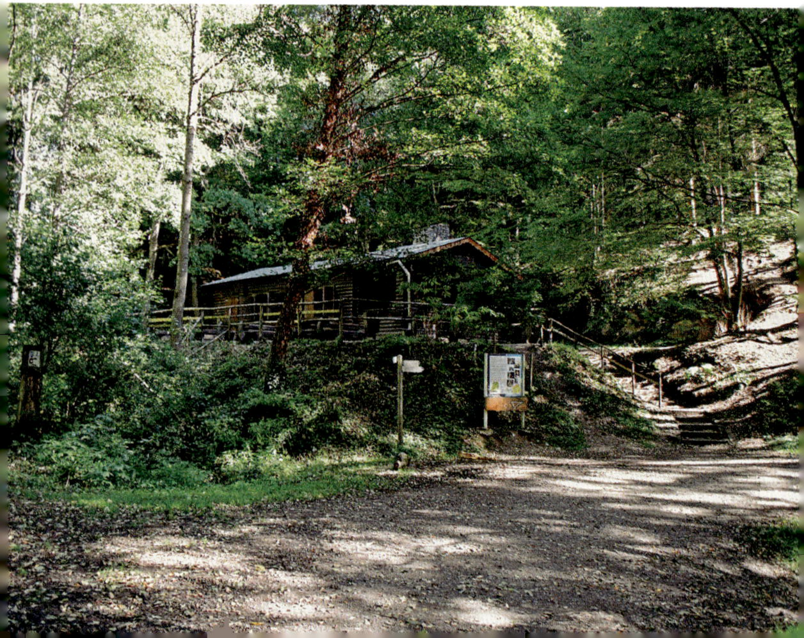

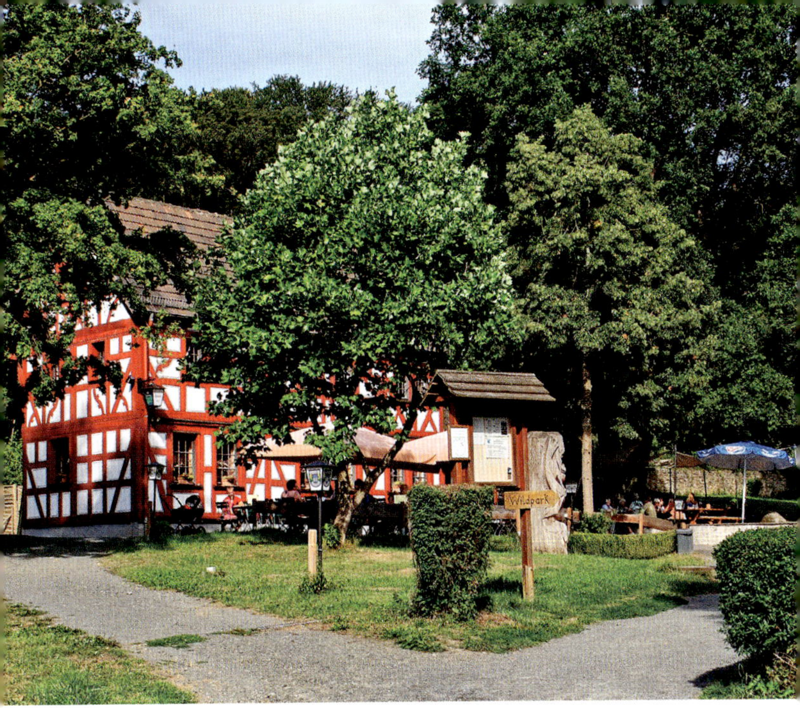

Gartenwirtschaft am Tierpark Weilburg.

den Temperaturunterschiede im Rothaargebirge und im von Taunus und Westerwald eingerahmten unteren Lahntal erheblich sein. Im Herbst oder Winter kann die früh einsetzende Dämmerung insbesondere im Wald den Weg verdunkeln, sodass es ratsam ist, eine Stirnlampe dabeizuhaben. Auch sollte man die Frühjahrs- und Frühsommersonne nicht unterschätzen und durch das Auftragen von Sonnencreme Hautschädigungen vorbeugen. Im Hochsommer sollte man auf jeden Fall eine Kopfbedeckung mitnehmen, wenn längere Teilstrecken durch die offene Landschaft führen. Zur Standardausrüstung gehört selbstverständlich eine ausreichende Verpflegung, insbesondere wenn keine Einkehrmöglichkeiten angegeben sind. Genügend Getränke und einen Notproviant sollte man ohnehin immer dabeihaben. Bedenken Sie, dass eine körperliche Anstrengung wie das Wandern einen erhöhten Flüssigkeitsbedarf bewirkt.

Folgende Doppelseite: In den Lahnauen bei Aumenau.

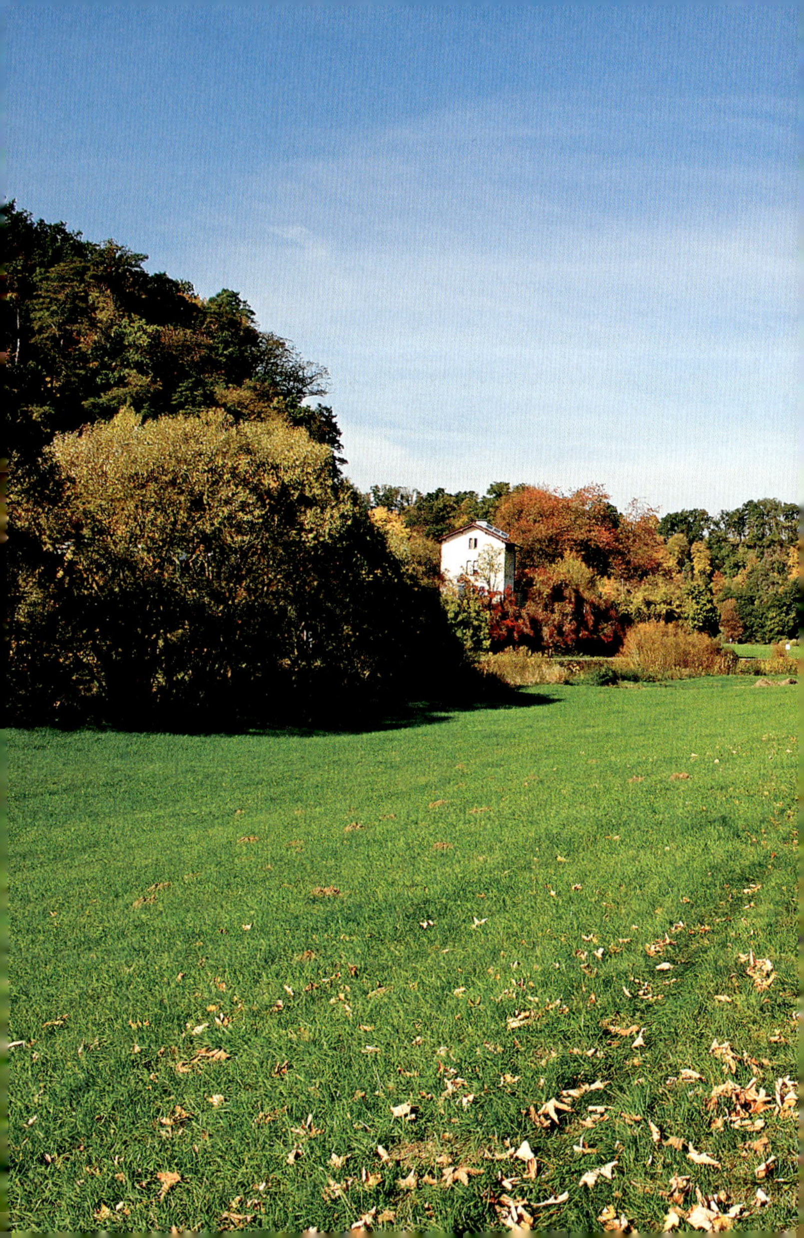

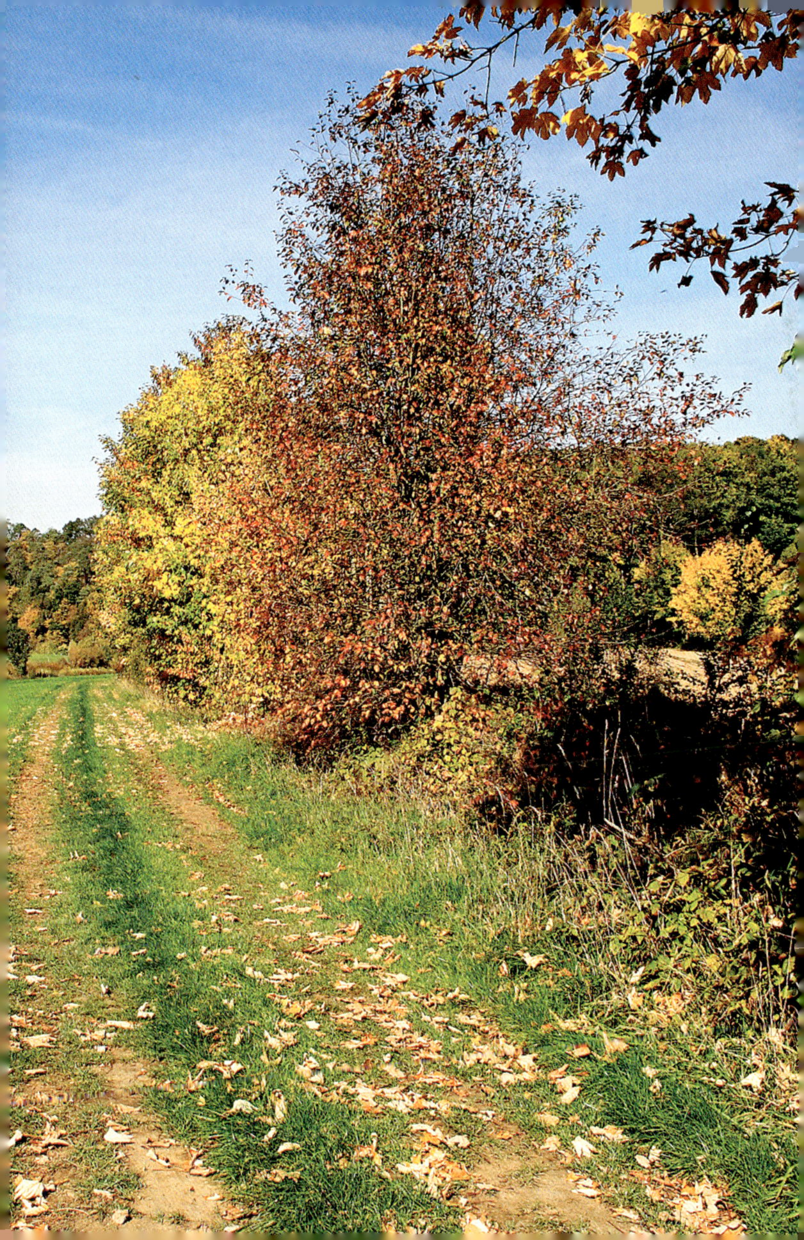

1 *Von Walpersdorf zur Lahnquelle und weiter nach Feudingen*

4.30 Std.
17,4 km

Auf zur Lahnquelle

Die Not der Ermangelung einer Anbindung an den öffentlichen Nahverkehr zur Tugend erhebend, nähert man sich von Walpersdorf aus der Lahnquelle per pedes. Der kräftige Anstieg stimmt dabei sehr gut auf das Abenteuer Lahnwanderweg ein. Vom Quellteich aus zieht sich der Weg durch die herrlichen ausgedehnten Wälder des Rothaargebirges. Dabei stoßen Sie auf jede Menge schräger Gestalten und eine heilige Quelle.

Ausgangspunkt: Walpersdorf. Erreichbarkeit: mit dem Bus ab Siegen, von dort auf dem Fußweg zur Lahnquelle, mit dem Auto Zufahrt zur Lahnquelle über Hainchen möglich.
Endpunkt: Feudingen. Erreichbarkeit: siehe Folgeetappe, Rückfahrt nach Walpersdorf: mit dem Bus möglich.
Höhenunterschiede: Aufstieg: 410 m, Abstieg: 390 m.
Anforderungen: Leicht. Nach einem längeren Anstieg bis zur Lahnquelle ein wenig beschwerlicher Auftakt auf breiteren Wegen.
Einkehr: An der Lahnquelle.
Unterkunft: **Walpersdorf:** Keine Übernachtungsmöglichkeit. Direkt an der **Lahnquelle:** Hotel-Restaurant Forsthaus Lahnquelle, Lahnhof 1, 57250 Netphen-Lahnhof, Tel. +49 2737 241, info@forsthaus-lahnquelle.de, forsthaus-lahnquelle.de. **Feudingen:** Hotel im Auerbachtal, Wiesenweg 5, 57334 Bad Laasphe-Feudingen, Tel. +49 2754 375880, info@auerbachtal.de, auerbachtal.de; Lahntal-Hotel Feudingen, Sieg-Lahn-Straße 23, 57334 Bad Laasphe-Feudingen, Tel.: +49 27 54-267, lahntalhotel@t-online.de, lahntalhotel.de.
Touristeninformation: **Walpersdorf:** Stadt Netphen, Touristikbüro, Amtsstraße 2+6, 57250 Netphen, Tel. +49 2738 603-238, touristikbuero@netphen.de, netphen.de; **Feudingen:** siehe Folgeetappe.

Da die Lahnquelle mit öffentlichen Verkehrsmitteln nicht erreicht werden kann, ist es zu empfehlen die Wanderung in **Walpersdorf (1)** zu beginnen. Die Entfernung zum Ausgangspunkt des Lahnwanderweges beträgt von dort aus ca. 3,4 km. Es sind dabei 243 Höhenmeter zu überwinden. Direkt am Ortseingang zweigt rechter Hand der Märzbecherweg ab. Dieser geleitet Sie in ein idyllisches Wiesental. Nach etwa 400 m folgen Sie der Markierung Weißer Balken nach rechts in den Wald. Ein kräftiger Anstieg bringt Sie – immer dem Weißen Balken folgend – in die Höhenlagen des südöstlichen Rothaargebirges. Hier oben bietet sich eine hervorragende Fernsicht, die jedoch einen etwas bitteren Beigeschmack hat, denn sie ist dem Orkan Kyrill geschuldet, der in diesem Gebiet 2007 für schwere Verwüstungen gesorgt hat. Am Wegweiser auf dem Höhenplateau treffen Sie auf den Rothaarsteig. Gehen Sie hier noch ein Stück geradeaus weiter und an der Straße nach rechts, um zur **Lahnquelle (2)** zu gelangen. Dieses Straßenstück ist geschichtlich relevant, da hier einst die sogenannte Eisenstraße im Rothaarge-

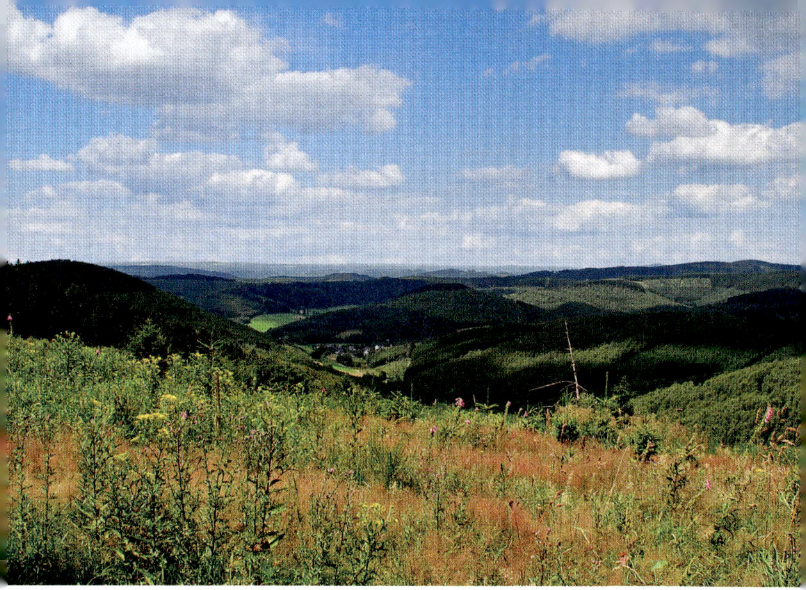

Höhenlagen des Rothaargebirges nahe der Lahnquelle.

birge verlief, auf der jahrhundertelang Kohle und Eisen transportiert wurden. Der Quellteich der Lahn am Lahnkopf (624 m über NN) liegt neben dem Gasthof Forsthaus Lahnquelle. Man kann dort auch übernachten.

Die Lahnquelle selbst mag man sich vielleicht etwas spektakulärer vorgestellt haben, insbesondere wenn man den gesamten Flusslauf bis zur Mündung vor Augen hat und die erstaunliche Entwicklung berücksichtigt, welche die Lahn bis dahin nimmt.

Hier oben aber sehen Sie zumeist nur ein schmales Rinnsal, das sich träge in eine sacht abfallende Weidefläche ergießt. Das brackige Wasser in dem kleinen, von Bäumen gesäumten Stauteich wirkt eher so, als scheue es die 242 km lange Reise zum Rhein.

Angesichts des geringen Unterhaltungswertes des Bächleins scheint es nur konsequent, wenn sich der Lahnwanderweg gleich wieder von seinem Leitmotiv entfernt und der jungen Lahn erst wieder in Feudingen begegnet, dem Endpunkt der ersten Etappe.

Direkt an der Lahnquelle übernimmt die Wegmarkierung des stilisierten LW. Dabei ist der Hauptweg mit einem roten Zeichen auf weißem Grund markiert, während die zahlreichen Zuwege gelb hinterlegt sind. Bis zur endgültigen Zertifizierung ist die erste Etappe noch als Zuweg gekennzeichnet, was Sie nicht irritieren sollte.

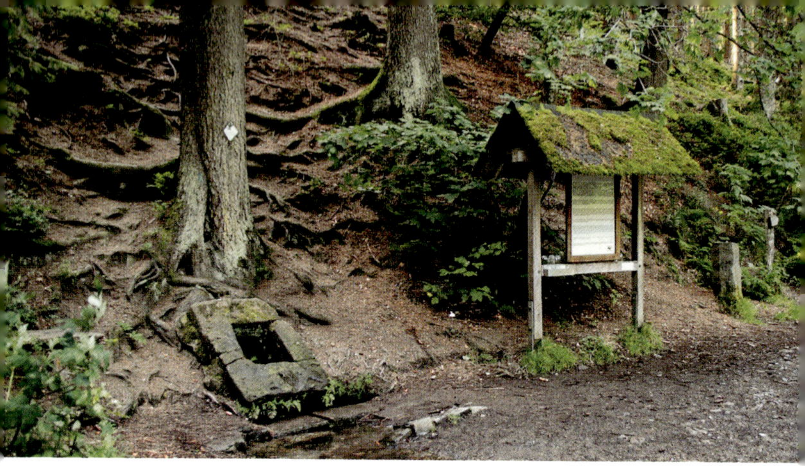

An der Ilsequelle: steinumrandete Quellfassung samt Infotafel.

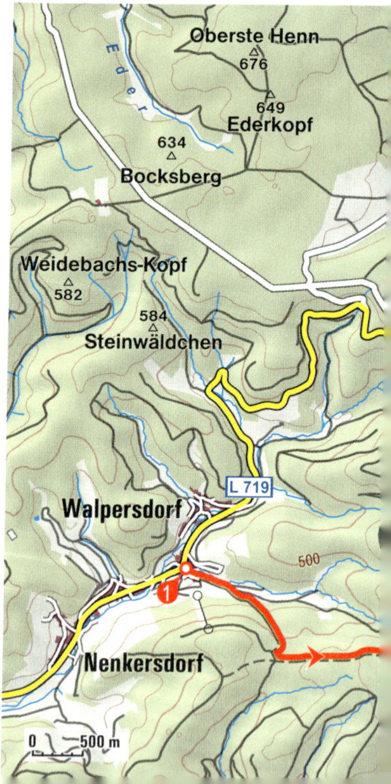

Das Hotel Lahnhof und einen Wanderparkplatz passierend weist das LW-Symbol auf der anderen Seite der Landstraße L722 in den Wald. Begleitet vom berühmten Rothaarsteig steigt der mit Wurzelwerk durchzogene Pfad sachte an. Sturmschäden ermöglichen hier und da Weitblicke in die Landschaft. Nach dem Überqueren der K17 erreichen Sie auf einem breiten Waldweg den Eschengraben (661 m über NN) und einen guten Kilometer danach einen Rastplatz mit einer Wanderliege.

Sie befinden sich nun im Quellgebiet der Ilse, in welchem Sie auf allerlei Waldschrate und Kobolde treffen, die den Märchenwanderweg »Kleiner Rothaar« bevölkern. Im leichten Bergab erreicht man im feuchten Wiesengrund die **Ilsequelle (3)** mit einem schönen Rastplatz.

Ilse und Ilsequelle

Die Ilse ist der erste nennenswerte Nebenfluss der Lahn. Nach nur 8,25 landschaftlich eindrucksvollen Kilometern (ab der Heiligen Quelle) mündet die Ilse bei Feudingen in die Lahn. Die Besonderheit ist die physikalische Beschaffenheit des Ilsewassers. In den 1980er-Jahren konnte nachgewiesen werden, dass im Gegensatz zu normalem Trinkwasser alle sechs Reaktionslinien im fließenden Ilsewasser positiv rechtsdrehend polarisiert sind, wie etwa auch beim Heilwasser von Lourdes. Möglicherweise begründet sich so der jahrhundertealte Glaube an die Wunderkraft des Quellwassers. Im Mittelalter zählte der »heilige Born« zu den bekanntesten Heilbädern.

Vorbei an einem Stauteich führt Sie die LW-Markierung zum Weiler **Heiligenborn (4)** mit kunstvoll verzierten Fachwerkhäusern. In diesem Bereich folgen Sie bis zum Wanderparkplatz der wenig befahrenen Landstraße. Aber Achtung! Vielleicht ist es gerade der mäßige Verkehr, der die motorisierten Zeit-

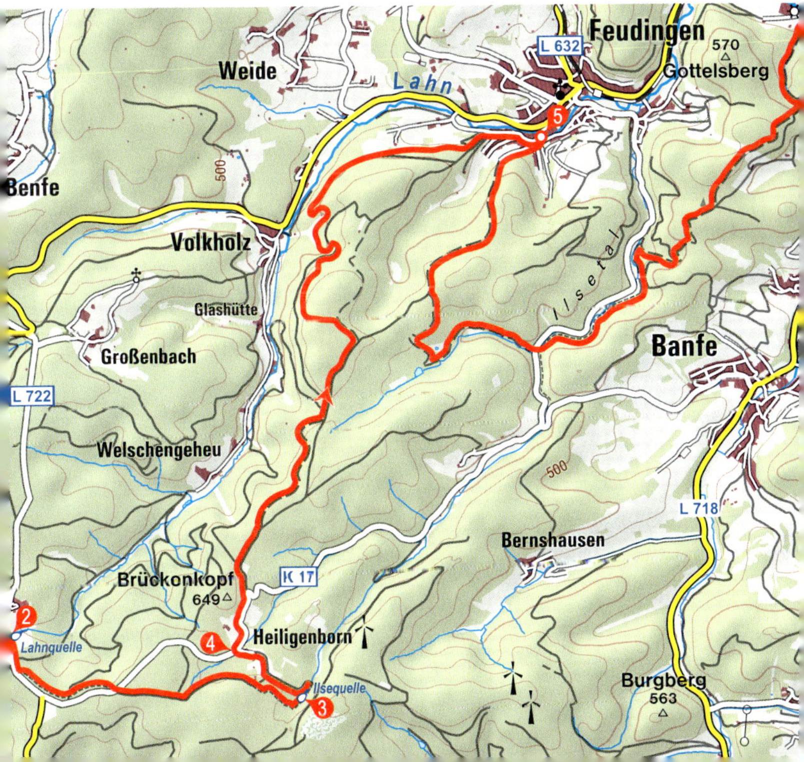

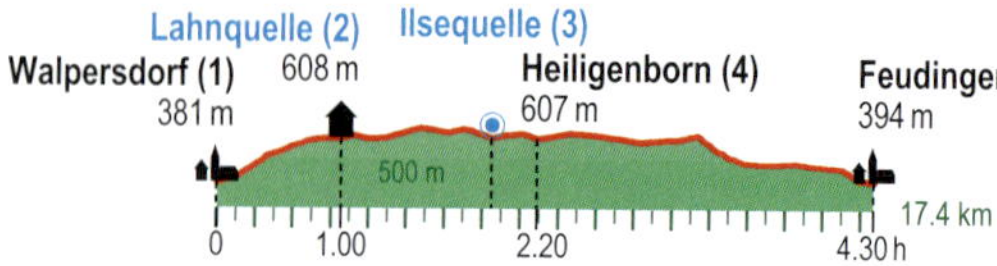

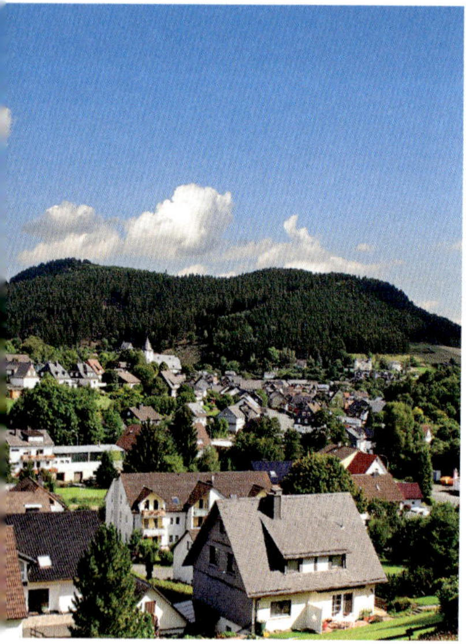

Blick auf Feudingen.

genossen zu rasantem Fahren reizt. In Ermangelung eines Fußweges ist erhöhte Vorsicht geboten.

In der Kurve hinter der Rastmöglichkeit am Parkplatz taucht der LW wieder in den Wald ein. Immer geradeaus und an der Weggabelung dem linken Arm folgend zieht sich der Weg über die Kammlage. Auch hier hat Kyrill nachhaltig für freie Aussichten gesorgt.

Zunächst allmählich, dann deutlich neigt sich der Bergrücken zwischen dem Auerbachtal auf der rechten und dem Lahntal auf der linken Seite zum Etappenort Feudingen. Auf den letzten 3,2 km der heutigen Wanderung büßen Sie immerhin fast 230 Höhenmeter ein. **Feudingen (5)** empfängt Sie eingebettet in eine weitläufige Felder- und Wiesenlandschaft, die kulissenartig von stark bewaldeten Rothaarbergen umzingelt ist.

i Feudingen

Der knapp 2500 Einwohner zählende Ort liegt wunderschön eingebettet zwischen den Höhenzügen des südöstlichen Rothaargebirges. Durch die breiten Täler schlängeln sich zahlreiche Bäche, deren Wasser die Lahn nähren. Das land- und forstwirtschaftlich geprägte Feudingen wurde 1218 erstmals urkundlich erwähnt. Das älteste noch stehende Gebäude ist die spätromanische dreischiffige Hallenkirche aus dem 13. Jahrhundert (heute: evangelische Kirche). Wer mehr über den Ort, seine Geschichte, Brauchtum und Handwerk erfahren möchte, kann sich im Heimatmuseum Oberes Lahntal informieren. Es befindet sich im Gebäude der alten Volksschule (Schulweg 7).

4.45 Std.
16,3 km

Von Feudingen nach Bad Laasphe 2

Auf Abwegen im Ilsetal

Bevor der Weg dem Lahntal folgt, strebt er über die Lahnhöhen und an einem idyllischen Waldsee vorbei der Ilse zu, dem ersten größeren Nebenfluss der Lahn. Im schattigen Tal begleitet man den Bachlauf, bis neue höhenmäßige Herausforderungen den Wanderer erwarten. Kurz vor dem freundlichen Etappenort stößt man auf das Stammschloss derer von Wittgenstein.

Ausgangspunkt: Feudingen. Erreichbarkeit: Busverbindung nach Siegen, Zugverbindung nach Marburg.
Endpunkt: Bad Laasphe. Erreichbarkeit: siehe Folgeetappe, Rückfahrt nach Feudingen: per Zug möglich.
Höhenunterschiede: Aufstieg: 470 m, Abstieg: 540 m.
Anforderungen: Mittel. Einige kräftige Anstiege auf zumeist gut ausgebauten Wanderwegen.
Einkehr: Keine, ausreichend Proviant mitnehmen!

Unterkunft: **Feudingen:** siehe vorherige Etappe. **Bad Laasphe:** Hotel Wittgensteiner Hof, Wilhelmsplatz 1, 57334 Bad Laasphe, Tel. +49 2752 508680-0 oder +49 170 8905000, E-Mail: info@hotelwittgensteinerhof.de, hotelwittgensteinerhof.de; Hotel Lahnblick, Höhenweg 10, 57334 Bad Laasphe, Tel. +49 2752 509-0, E-Mail: info@hotel-lahnblick.de, hotel-lahnblick.de
Touristeninformation: **Feudingen:** siehe Bad Laasphe. **Bad Laasphe:** siehe Folgeetappe.

Waldreiche Lahnhöhen bei Bad Laasphe.

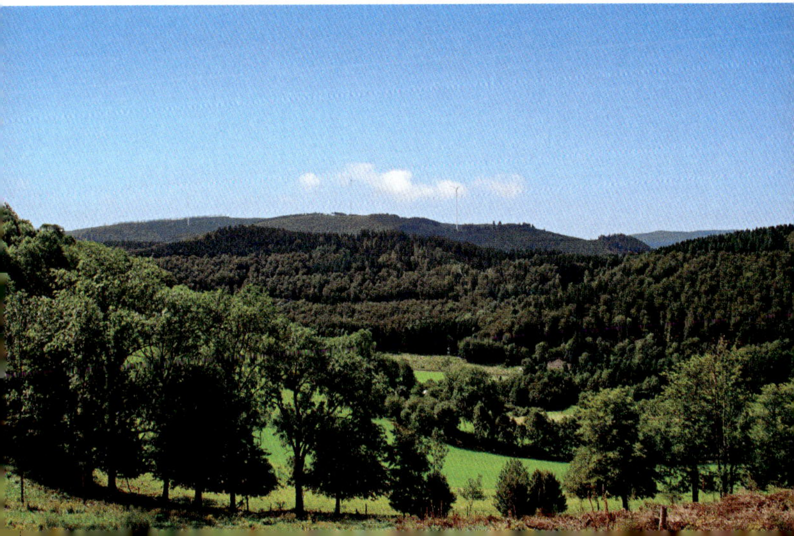

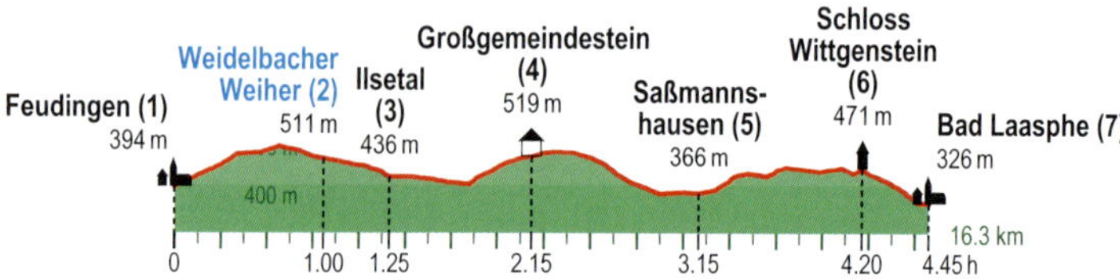

Die zweite Etappe des Lahnwanderweges startet am Eingang zum Auerbachtal in der südwestlichen Ortsrandlage von **Feudingen (1)**. Am Platz im Bereich der Straßen Zum Eichholz und Im Kalterbach weist die LW-Markierung rechter Hand an der Hangflanke empor. Von dort aus ergeben sich besonders schöne Rückblicke auf den ruhigen Etappenort.

Nachdem Sie sich an der Weggabelung rechts halten, steigt der breite Waldweg im Bereich der Berge Muckelshelle (548 m) und Höhwegskopf (602 m) gleich empfindlich an und vermittelt Ihnen damit einen guten Eindruck vom Charakter der heutigen Etappe. Nach nur 1,3 km haben Sie ca. 150 Höhenmeter bewältigt, sodass die weiteren 2 km bis zum **Weidelbacher Weiher (2)** zum Spaziergang werden. Vor dem idyllisch gelegenen Waldteich zweigt der LW spitzwinklig links ab und trifft an der Kreisstraße 35 auf die

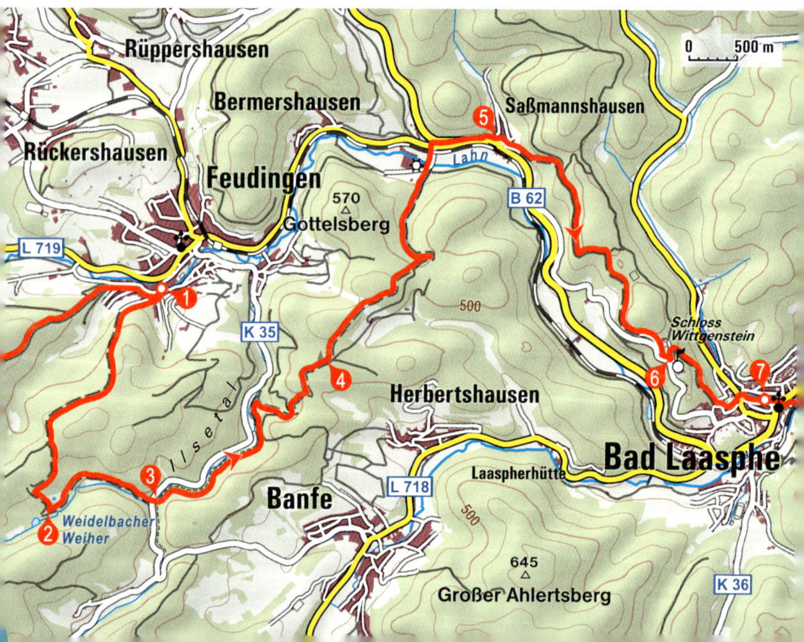

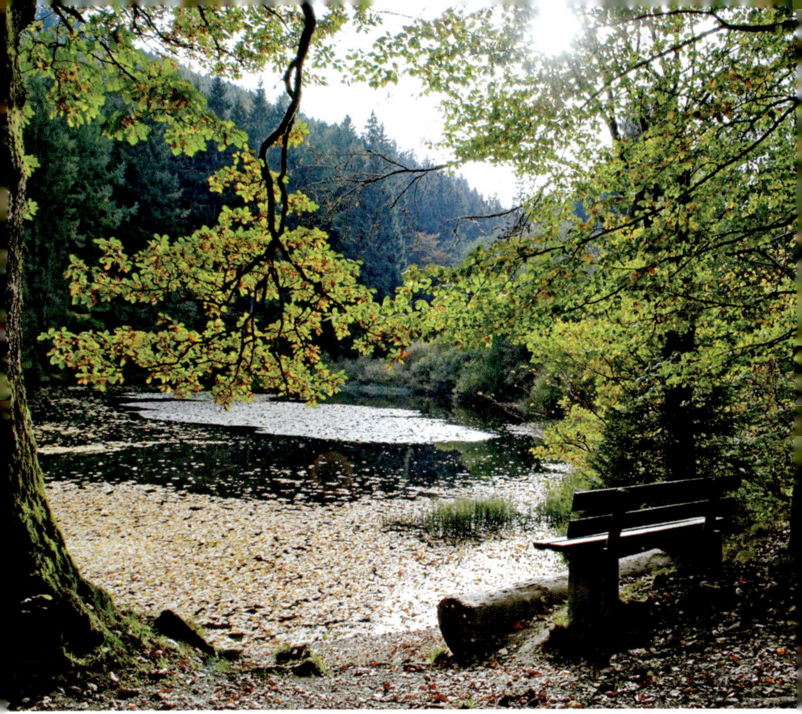

Rast am Weidelbacher Weiher.

Ilse (3), deren Verlauf Sie für 1,8 km folgen. Das liebliche Bachtal bildet einen weiteren Höhepunkt der Wegstrecke und es lässt den Wanderer Kräfte sammeln für den nächsten jähen Anstieg. Rechter Hand führt ein Waldweg auf die Höhe eines scheinbar namenlosen Berges (528 m), an dem sich zur Jahreswende 1974/75 Denkwürdiges ereignet hat. Die Großgemeinde Laasphe wurde gegründet. Sie umfasst seither viele der vormals eigenständigen Dörfer. **Gedenkstein (4)** und Schutzhütte markieren den Ort der geografischen Mitte des kommunalen Gebildes.
Bevor sich der Weg zur Wahlbachsmühle entschieden talwärts neigt, ergeben sich von den sturmbedingt unbewaldeten Höhenlagen erbauliche Weitblicke. An der Mühle, die sich als industriell genutztes Areal entpuppt, kreuzt man die Lahn, die sich auf den ersten Etappen des ihr zur Ehre gereichenden Weges recht selten zeigt. Entlang der B62 erreicht man **Saßmannshausen (5)**, welches die möglicherweise entstandene Hoffnung auf eine zünftige Einkehr enttäuscht. Stattdessen erwartet Sie am östlichen Ortsrand (Stra-

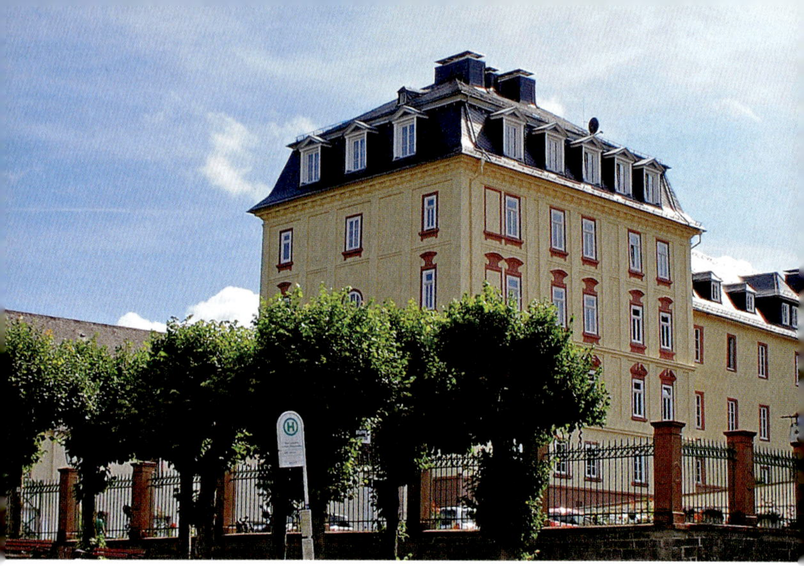

Der Lahnwanderweg passiert Schloss Wittgenstein.

Schloss Wittgenstein

Die dreiflügelige Schlossanlage ist wegen der Nutzung als Schule nur bedingt in Augenschein zu nehmen. Dem Wanderer zeigt sich zudem ein uneinheitliches Bild verschiedener Baustile, die überwiegend der Renaissance und dem Spätbarock zuzurechnen sind. Das liegt an den über Jahrhunderte erfolgten baulichen Umgestaltungen. Das ursprüngliche Erscheinungsbild der hochmittelalterlichen Gründungsanlage des Schlosses Wittgenstein lässt sich nur schwer rekonstruieren. Nachgewiesen werden konnte bislang lediglich ein quadratischer Wohnturm im Westteil des dem Vorhof zugewandten Nordflügels. Jener Nordflügel stammt aus dem ausgehenden 16. Jahrhundert, als die Anlage zu einer großzügigen Schlossanlage erweitert wurde. Der markante viergeschossige Pavillon am Ostflügel wurde 1783 erbaut. Eine Burg und der Name Wittgenstein tauchten erstmals 1174 auf, als sich die Grafen von Battenberg und Wittgenstein Besitzungen und Rechte am Oberlauf der Lahn sicherten. Nach einer Aufspaltung der Dynastenfamilie in eine Linie zu Battenberg und eine zu Wittgenstein wurde die Burg zum neuen Stammsitz der Wittgensteiner Grafen und somit zur Basis für den weiteren Ausbau ihres Einflussbereiches.

ßen Goldkaute und Kisselsdell) der nächste Anstieg. Auf der Höhe passiert man einen Friedwald und die Kamelseiche, die jedoch schon bessere Tage gesehen haben dürfte. Auf den entwaldeten Teilstücken im weiteren Verlauf

haben sich Ginsterbüsche vermehrt, die zu ihrer Blütezeit die herrlichen Weitblicke über die Lahnberge goldgelb untermalen. Hinter dem Schulareal folgt man der Landstraße nach links bergan zum **Schloss Wittgenstein (6)**, das sich in Privatbesitz befindet.
Auf der gegenüberliegenden Seite des Vorplatzes führt der LW zunächst nach links und dann spitzwinklig nach rechts abknickend talwärts zum Etappenort **Bad Laasphe (7)**.

Bad Laasphe

Die Geschichte des erstmals 780 erwähnten Ortes ist eng mit dem Schloss Wittgenstein verbunden, dem westlich der Stadt auf einem Hügel gelegenen Wohnsitz des gleichnamigen Grafengeschlechts. Bereits im frühen 13. Jahrhundert war Laasphe Residenzstadt der Grafschaft. 1806 fiel die Stadt an das Großherzogtum Hessen-Darmstadt und wurde 1815 auf Beschluss des Wiener Kongresses Preußen zugeschlagen, weswegen es noch heute zu Nordrhein-Westfalen gehört.
Die Bädertradition begann Anfang des 20. Jahrhunderts, als viele Gäste auch wegen des heilsamen Mittelgebirgsklimas nach Laasphe kamen. Im Jahre 1904 wurde die Stadt in die Liste der Luftkurorte aufgenommen, 1960 Kneipp-Kurort und 1984 schließlich Kneipp-Heilbad. Naturfreunde dürfte ein besonderes Museum interessieren, welches sich seit 1987 im Haus des Gastes befindet. Das Pilzkundliche Museum zeigt etwa 900 verschiedenen Pilzarten. Zahlreiche Schautafeln informieren über die wunderbare Welt der Pilze. Während der Pilzsaison werden Wochenendseminare angeboten.
Sehenswert ist zudem die evangelische Stadtkirche inmitten der Altstadt. Sie stammt aus dem 13. Jahrhundert und wurde nach der Reformation im Inneren mit Abendmahltisch, Kanzel, Emporen und einer Fürstenloge ausgestattet.
Der eigenwillig anmutende Name der Stadt ist vermutlich keltischen Ursprungs. »Lassaffa« bedeutet soviel wie Lachswasser oder Lachsgewässer.

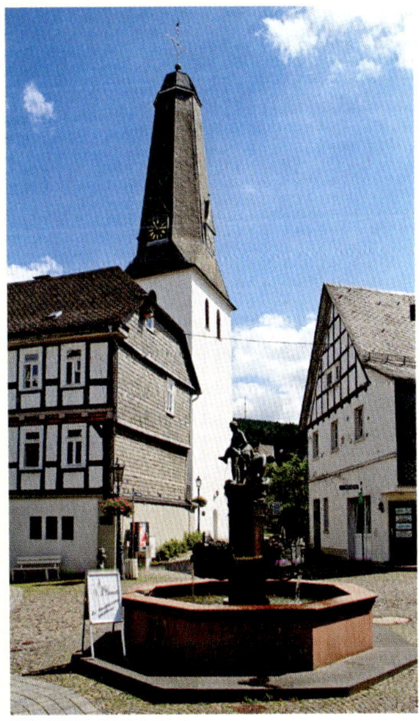

Evangelische Kirche.

3 Von Bad Laasphe nach Biedenkopf

4.45 Std.
16,7 km

Eine Vogelperspektive auf das Tal der Lahn

Den sprichwörtlichen Höhepunkt des Tages bildet der 535 Meter hohe Entenberg. Ob man sich dem Gipfel auch im Entengang nähert, hängt von der Kondition ab. Oben ergibt sich von der Rastbank ein grandioser Ausblick. Wer noch mehr Erholung braucht, sollte am Perfstausee eine längere Rast einplanen. Nach einer waldreichen Passage kann der Etappenort Biedenkopf mit einem stattlichen Schloss aufwarten.

Ausgangspunkt: Bad Laasphe. Erreichbarkeit: Zugverbindung nach Marburg.
Endpunkt: Biedenkopf. Erreichbarkeit: siehe Folgeetappe, Rückfahrt nach Bad Laasphe: per Zug möglich.
Höhenunterschiede: Aufstieg: 500 m, Abstieg: 550 m.
Anforderungen: Mittel. Vor allem der Anstieg zum Entenberg verlangt etwas Kondition. Die Wege sind sehr gut ausgebaut.
Einkehr: Am Perfstausee.
Unterkunft: **Bad Laasphe:** siehe vorherige Etappe. **Biedenkopf:** Hotel Reich der Mitte, Hainstraße 1, 35216 Biedenkopf, Tel. +49 6461 759358, E-Mail: kontakt@hotel-reichdermitte.de, hotel-reichdermitte.de; Lahn Hotel, Mühlweg 23, 35216 Biedenkopf, lahn-hotel.de, E-Mail: info@lahn-hotel.de, Tel. +49 6461 80688 10.
Touristeninformation: **Bad Laasphe:** Tourist-Information, Wilhelmsplatz 3, 57334 Bad Laasphe, Tel. +49 2752 898, E-Mail: info@tourismus-badlaasphe.de, tourismus-badlaasphe.de. **Biedenkopf:** siehe Folgeetappe.

Ein Highlight der Etappe: der Perfstausee.

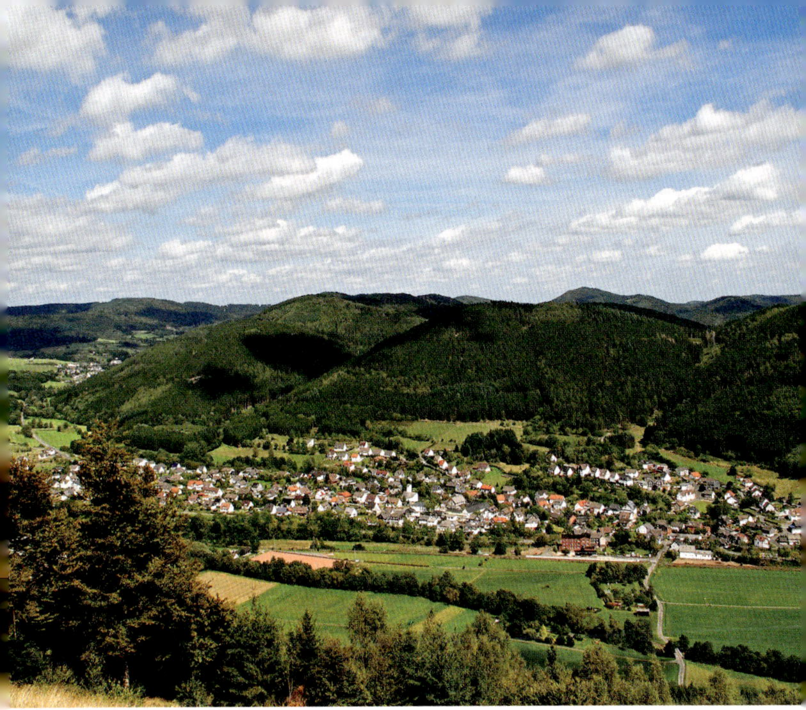

Blick vom Entenberg vor dem Borkenkäferbefall.

Die bergige Etappe beginnt am Altstadtbrunnen von **Bad Laasphe (1)** in der Königstraße. In östlicher Richtung überquert man die Bundesstraße 62 und 200 m später die noch junge Lahn, um den kurzen Anstieg zum Kurpark zu bewältigen. Vom Ehrenmal am ehemaligen Standort einer mittelalterlichen Landwarte genießt man einen herrlichen Blick auf den verträumten Kurort, bevor der LW die oberhalb liegenden Felder schneidend Richtung Schafberg und Buhlberg strebt. Im Carré umgeht man eine Wiese, an dessen oberem Ende eine Schutzhütte mit Rastplatz passiert wird. Nach etwa 400 m zweigt der LW im Wald spitzwinklig nach links ab und steigt auf dem breiten Waldweg bis zur **Hugo-Kracht-Hütte (2)** kontinuierlich an.
Über eine offene Hochfläche gelangt man zum **Entenberg (3)**, dessen spitze Kuppe man im kurzen Steilanstieg erklimmt. Von hier oben bietet sich ein herrlicher Weitblick über die zahlreichen bewaldeten Hügel und das allmählich breiter werdende Lahntal. Für Drachenflieger bildet die Freifläche an der Nordostseite einen idealen Startplatz. Auf einem schmalen Pfad windet sich

der LW bergab und erreicht nach gut einem Kilometer die Anhöhe vor Breidenstein. Halten Sie sich am Wirtschaftsweg links und an der zweiten Querstraße rechts, um jenseits der Bahngleise und der Bundesstraße 253 zum **Perfstausee (4)** zu gelangen, wo sich eine Einkehr anbietet.

i **Perfstausee**

Im Februar 1984 führte ein extremes Ansteigen der Wasserführungen der Lahn und ihrer Zuflüsse zu größeren Überflutungen im Landkreis Marburg-Biedenkopf. Um solche Szenarien für die Zukunft zu verhindern, wurde der Perfstausee angelegt. Die Seeoberfläche kann zwischen 18 und im Falle maximaler Aufstauung 53 Hektar variieren. Ein 500 m langer Damm staut das Wasser bis zu 12 m über der Talsohle. Üblicherweise liegt die Seespiegelhöhe ca. 4 m darüber. Maximal kann das Becken bis zu 2,215 Mio. m³ Wasser aufnehmen. Seit seiner Inbetriebnahme 1993 hat sich der See als ein vielfältig genutztes Ausflugsziel in der Region etabliert. Sportler nutzen das Gewässer ebenso wie Erholungssuchende. Naturfreunden gewährt ein eigens eingerichteter Beobachtungspunkt Einblicke in die artenreiche Tierwelt. Vor allem Wasservögel haben im angrenzenden Naturschutzgebiet einen Rückzugsbereich gefunden. Direkt am See lockt eine ansprechende Gastronomie zur Einkehr.

Wenn der LW am jenseitigen Ufer Richtung Waldrand drängt, imponiert die Silhouette des Entenbergs. Rasch gewinnt man auf dem Waldpfad an Höhe, bevor weiter oben ein breiterer Weg in gemächlichem Auf und Ab im schönen Mischwald weite Bögen beschreibt. Nach einem abermaligen kürzeren Steilstück erreicht man die Schutzhütte »Stehtischler«. An der Kreuzung und am Abzweig hält man sich zweimal rechts und folgt anschließend dem gut markierten Hauptweg. Mit dem letzten Anstieg des Tages erreicht man eine unbewaldete Hochfläche zwischen Hachen- und Hermannsberg. Der sich über fast 300 m Höhenmeter erstreckende Abstieg nach Biedenkopf führt Sie zunächst zur Quelle am **Himmelborn (5)**. Oberhalb von Biedenkopf erwartet Sie mit dem **Kolumbus-Tempel (6)**

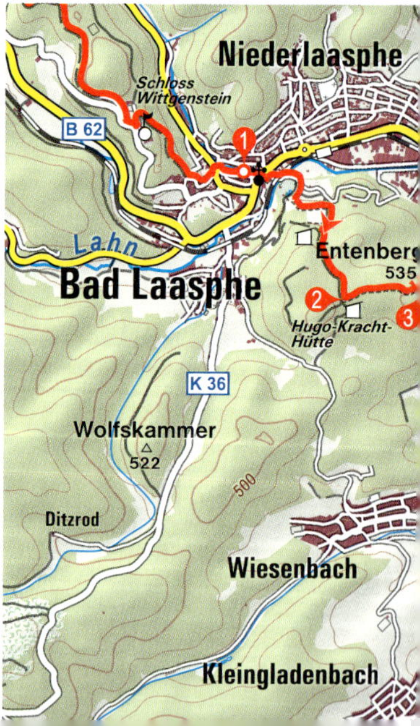

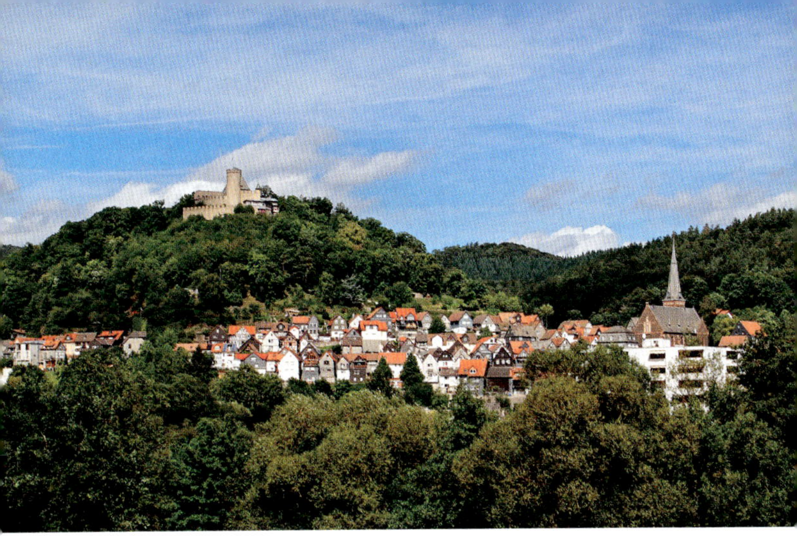

Etappenort Biedenkopf mit der imposanten Burg.

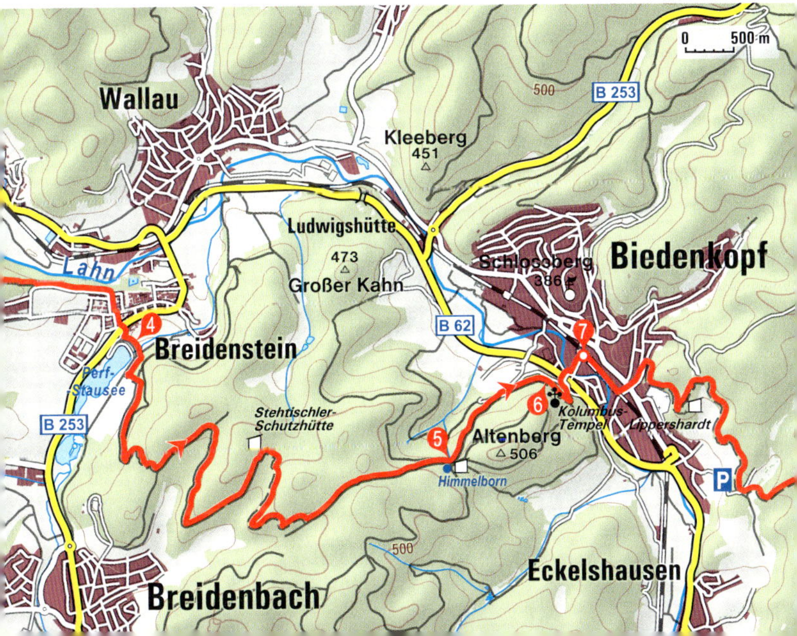

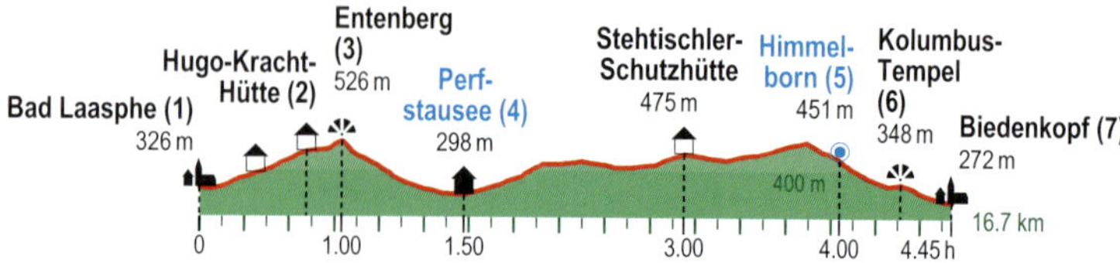

ein fantastischer Aussichtspunkt auf das Landgrafenschloss. Etwa 250 m weiter schlägt sich der LW linker Hand als unscheinbarer Pfad in die Büsche, wo er die Amselborn-Quelle passiert. Über Bundesstraße und Lahn gelangt man schließlich in den sehenswerten historischen Ortskern des Etappenortes **Biedenkopf (7)**.

i Biedenkopf

Die Stadt Biedenkopf blickt auf eine 750-jährige Geschichte zurück. Überragt vom imposanten Schloss schmiegen sich die zahlreichen Fachwerkhäuser an den Hang.

Steil ziehen sich romantische Gassen und Treppen zwischen ihnen empor. Auf einer der Treppen ist Hermann Hesses Gedicht »Stufen« verewigt, so dass Sie sich beim Aufstieg lyrischer Erbauung erfreuen können. Besonders schön gestalten sich die »hängenden Gärten«, die der jähen Schräge abgetrotzt wurden. Das Mitte des 15. Jahrhunderts auf Resten einer älteren Burganlage von Heinrich III. zu Hessen-Marburg erbaute Landgrafenschloss zählt zu den bedeutenden Kulturdenkmälern des Landes. Es beherbergt das sogenannte Hinterlandmuseum, welches neben einer umfangreichen Trachtensammlung wertvolle Museumsstücke vergangener Zeiten zeigt. Im Mittelpunkt der Ausstellung steht die Regional- und Kulturgeschichte des Hinterlandes, die anhand von Industrie-, Verkehrs-, Landwirtschafts- und Handwerksentwicklung dokumentiert ist.

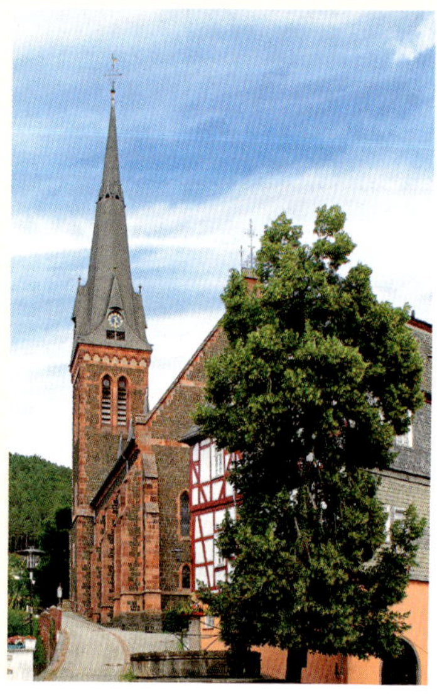

Evangelische Stadtkirche.

3.30 Std.
12,3 km

Von Biedenkopf nach Buchenau 4

Auf den Spuren der Grenzgänger

Die heutige Tour ist bewusst kurz gehalten, um Ihnen die Möglichkeit zu geben, Schloss Biedenkopf zu besichtigen. Wer danach die stimmungsvollen Mischwälder und idyllischen Täler durchstreift, tut dies im Gedenken an vergangene Zeiten, in denen Grenzgänger die Gemarkungen der Stadt überprüften, Landgrafen große Jagden abhielten und Wölfe – zumindest vorübergehend – ausstarben. Insgesamt erwartet Sie ein Weg der Stille und Entspannung mit einigen naturnahen Höhepunkten.

Ausgangspunkt: Biedenkopf. Erreichbarkeit: Zugverbindung nach Marburg.
Endpunkt: Buchenau. Erreichbarkeit: siehe Folgeetappe, Rückfahrt nach Biedenkopf: per Zug möglich.
Höhenunterschiede: Aufstieg: 300 m, Abstieg: 340 m.
Anforderungen: Leicht. Überwiegend breite Wanderwege und ein längerer Anstieg zur Landgrafenbuche.
Einkehr: Katzenbach (Sa. und So. ab 11:30 Uhr, werktags: eingeschränkte Öffnungszeiten), Buchenau.
Unterkunft: **Biedenkopf:** siehe vorherige Etappe. **Buchenau:** Derzeit keine Übernachtungsmöglichkeit, Bahnfahrt zurück nach Biedenkopf oder Richtung Marburg möglich.
Touristeninformation: **Biedenkopf:** Tourist-Information, Hainstraße 63, 35216 Biedenkopf, Tel. +49 6461 950 10, E-Mail: aktiv@biedenkopf.de, biedenkopf-tourismus.de. **Buchenau:** siehe Folgeetappe.

Im malerischen Katzenbachtal.

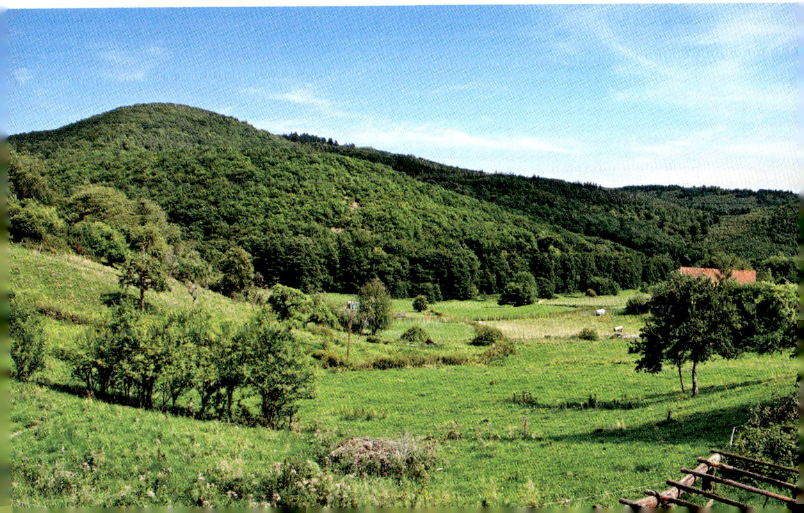

Zwischen der Lahnbrücke und dem Bahnhof **Biedenkopf (1)** zweigt von der Bachgrundstraße unmittelbar neben den Gleisen ein Fußweg ab, der im weiteren Verlauf den Lahnbogen tangiert. An der Querstraße werden die Gleise Richtung Frauenberg überquert, dem bewaldeten Hügel am Stadtrand von Biedenkopf. Von der Straße Am Frauenberg führt der LW rechter Hand in den Wald und zieht sich nach einer Spitzkehre auf der Lahntalseite auf halber Höhe leicht ansteigend um den Berg herum. Nach einem Linksbogen erreichen Sie am **Lippershardt (2)** eine Art Schutzhüttendorf mit einer besonders schönen Atmosphäre. Die begraste Freifläche wird von mehreren geräumigen Hütten umstanden, die zu einer längeren Rast einladen. Einheimische treffen sich hier alle sieben Jahre zu einem Volksfest, um der alten Tradition der Grenzgänger zu gedenken, die früher auf mehrtägigen Wanderungen die Stadtgrenzen Biedenkopfs kontrollierten. Im stimmungsvollen Mischwald geht es anschließend, einige idyllische Wiesengründe passierend, in mäßigem Auf und Ab zu einem Wanderparkplatz. Gehen Sie am Waldrand geradeaus bergab und kreuzen Sie nach ca. 100 m links abbiegend die Freifläche, an deren Ende der Mußbach überquert wird. Im Wald wendet sich der LW dann gleich nach rechts und zieht sich einen Bogen um die Bergflanke beschreibend in den Taleinschnitt hinein, wo der Waldweg

Schutzhütten am Rastplatz Lippershardt.

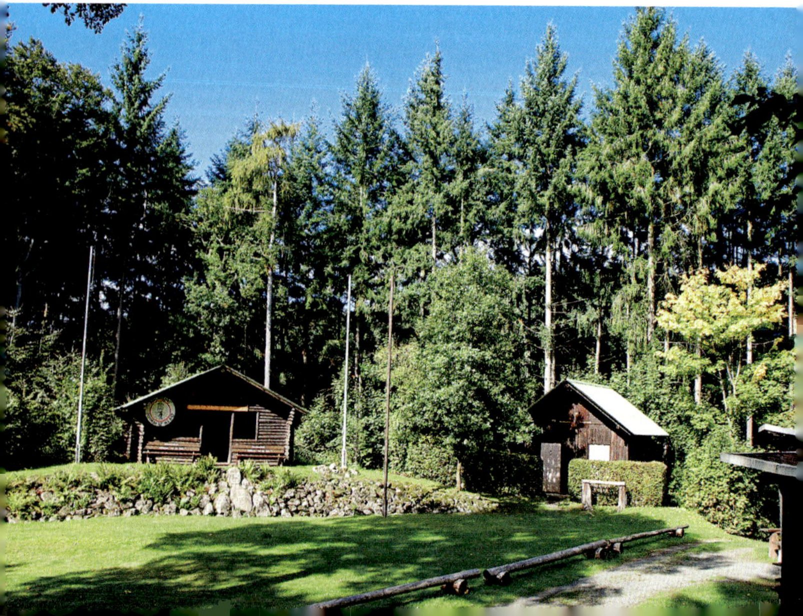

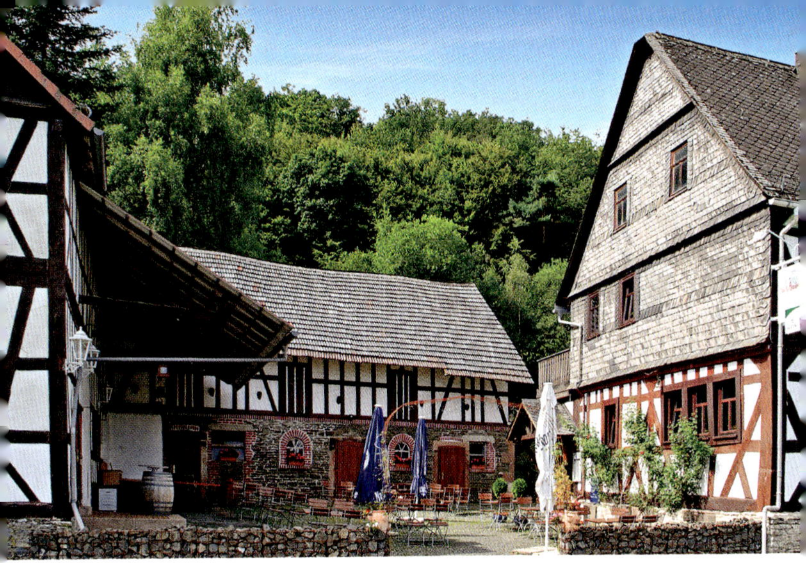

Herrlicher Biergarten im Weiler Katzenbach.

bis zur Wegspinne am Rahmbusch stetig ansteigt. Der Anstieg setzt sich bis zur **Landgrafenbuche (3)** unterhalb des Schwanertgipfels fort. Einer Legende nach soll Ludwig VIII. hinter jener Buche Schutz vor einem Hirschen gefunden haben. Im 16. Jahrhundert besaßen die Landgrafen in Katzenbach ein Hofgut, auf welchem Ludwig VI. ein Jagdschloss errichten ließ. Heute sind davon nur noch die spärlichen Reste der Grundmauern erhalten. Der Pfad ins Katzenbachtal büßt nun rasch an Höhe ein. Kurz nach dem kreuzenden Waldweg erreichen Sie beim Waldaustritt den Weiler **Katzenbach (4)**, wo Sie ein herrlicher Biergarten erwartet. Ein idealer Ort für eine längere Einkehr.

Folgen Sie von der Gaststätte aus auf etwa 200 m der Landstraße, bevor rechts ein Weg abzweigt, der zunächst um die Waldnase herum und dann in den Wiesen abwärtsführt. Ein Feld umgehend trifft man anschließend wieder auf die Landstraße, der man noch einmal 100 m bergan folgt. Vor dem Waldstück auf der linken Straßenseite stürzt sich der LW talwärts, quert im Talgrund den Katzenbach und folgt dem Wasserlauf kurzzeitig talauswärts. Linker Hand schweift der Weg in den Wald, erklimmt eine Anhöhe und stößt zur Kreuzung **Wolfsgeschirr (5)** vor, wo 1747 der letzte in der Region umtriebige Wolf erlegt wurde. Vielleicht sollte man besser sagen, der »vorerst letzte Wolf«, denn die hier ursprünglich heimischen Tiere sind ja bereits wieder im Anmarsch. Angenehm wandert man anschließend eine sturmbedingte Lich-

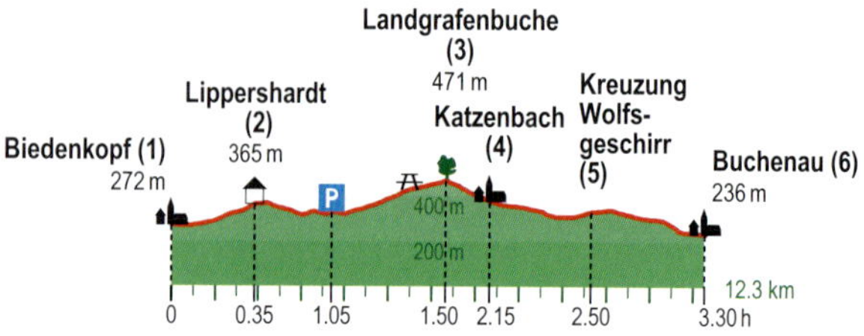

tung passierend auf der Höhe des mittleren Stöffels, um vor dem vorderen Stöffel links abzuzweigen und an den Hangflanken des Ellerbachtals zum Etappenort Buchenau zu gelangen. Dabei streift der Weg im Wald den Ort, durchquert eine Wiese und zieht auf die Lahn zu, bevor er **Buchenau (6)** seine Aufwartung macht. Vom Lahnufer aus führt die Neue Landstraße schließlich ins Ortszentrum.

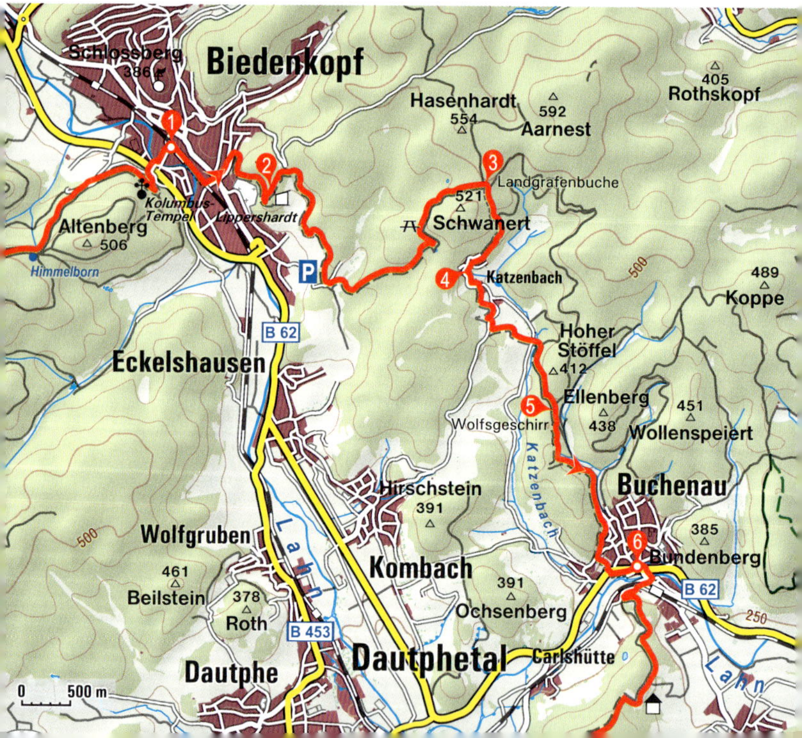

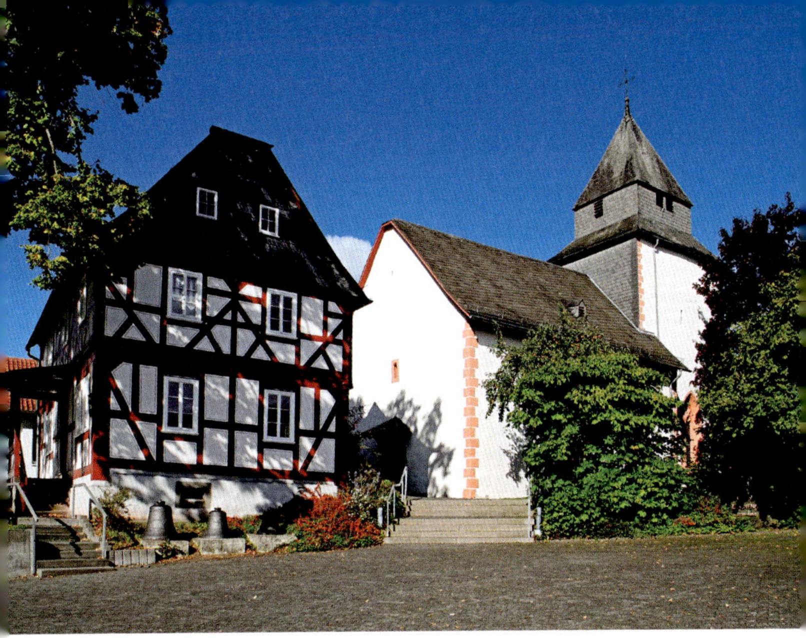

Pfarrhaus und Kirche von Buchenau.

Buchenau

Der knapp 2000 Einwohner zählende Ortsteil der Großgemeinde Dautphetal liegt durch einen Hangwald geschützt direkt an der Lahn. Der alte Ortskern ist aufgrund seiner kulturhistorischen Bedeutung als Gesamtanlage denkmalgeschützt. Hier finden sich einige Dreiseit- und Hakenhöfe sowie Fachwerkhäuser aus dem 17. Jahrhundert mit Kratzputzarbeiten, geschnitzten Hölzern oder sogenannten Wilden Männern, einer besonderen Fachwerkkonstruktion. Wichtigstes Gebäude ist die evangelische Martinskirche, über deren genaues Alter Uneinigkeit herrscht. Nach mündlichen Überlieferungen soll ein Stein im Chor die Jahreszahl 1090 tragen, jedoch konnte dieser bislang nicht gefunden werden. Der Chorturm ist mit einem Kreuzgratgewölbe versehen, das zwischen dem 10. und 13. Jahrhundert gefertigt wurde. Das spätgotische Schiff verfügt über eine zweiseitige Empore, die mit Darstellungen der zwölf Apostel versehen ist. Süd- und Nordwand tragen Bilder von Martin Luther und Philipp dem Großmütigen. Im alten Rathaus ist ein Heimatmuseum untergebracht, in dem Exponate zum Thema Haushalt und Küche in den 1920er- bis 1950er-Jahren sowie eine Hinterländer Tracht ausgestellt sind.

5 Von Buchenau nach Caldern

3.45 Std.
13,2 km

Burgreste und Weitblicke

Vom Lahnufer windet sich der Weg waldreich zu einem mit spärlichen Burgresten bestückten Doppelgipfel. Danach geht es in munterem Auf und Ab über bewaldete Kuppen und freie Sattelflächen der Täler. Unbestreitbarer Höhepunkt der Tour ist der fantastische Rundblick vom Rimbergturm. Abschließend führt Sie die Etappe ins Naturschutzgebiet Lahnknie und endet an der Lahnbrücke in Caldern.

Ausgangspunkt: Buchenau. Erreichbarkeit: Zugverbindung nach Marburg.
Endpunkt: Caldern. Erreichbarkeit: siehe Folgeetappe, Rückfahrt nach Buchenau per Zug möglich.
Höhenunterschiede: Aufstieg: 410 m, Abstieg: 420 m.
Anforderungen: Leicht. Trotz zweier längerer Anstiege stellt die auf gut ausgebauten Wegen verlaufende Tour keine besonderen Anforderungen.

Einkehr: Keine.
Unterkunft: **Buchenau:** siehe vorherige Etappe. **Caldern:** Hotel zur Lahnbrücke, An der Lahnbrücke 3, 35094 Lahntal, Tel. +49 6420 8399442, E-Mail: kontakt@hotel-zur-lahnbrücke.de.
Touristeninformation: **Buchenau:** Gemeinde Dautphetal, Hainstraße 1, 35232 Dautphetal, Tel. +49 6466 920 0, gemeinde@dautphetal.de, dautphetal.de. **Caldern:** siehe Folgeetappe.

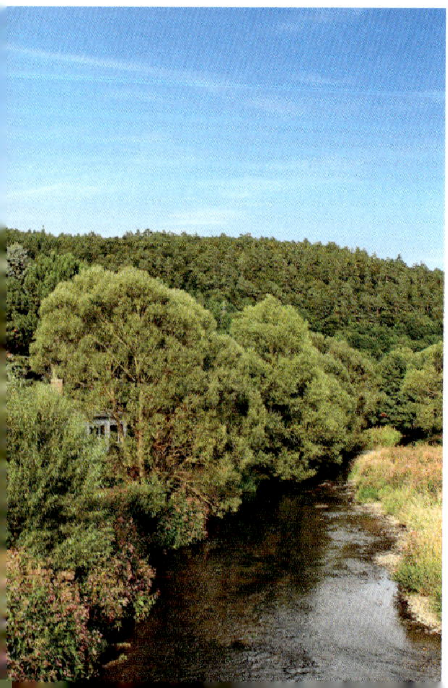

Die Etappe beginnt an der Durchgangsstraße (B 52) mitten in **Buchenau (1)**, wo Sie der abzweigenden Elmshäuser Straße über die Lahn folgen und sich gleich hinter der Brücke rechts halten. Am Ende der Straße überqueren Sie die Gleise und folgen diesen auf der anderen Seite noch ein Stück weiter. An der Gabelung hinter den letzten Häusern zweigt linker Hand ein Weg ab, der Sie auf die flache Kuppe des Burgbergs führt. Im Wald führt der Weg nun stetig bergan und erreicht nach einem guten Kilometer eine aussichtsreiche Freifläche, wo Sie rechtwinklig nach rechts abbiegen. Vor dem Waldsaum halten Sie sich

Vom Bach zum Fluss: Die Lahn entwickelt sich.

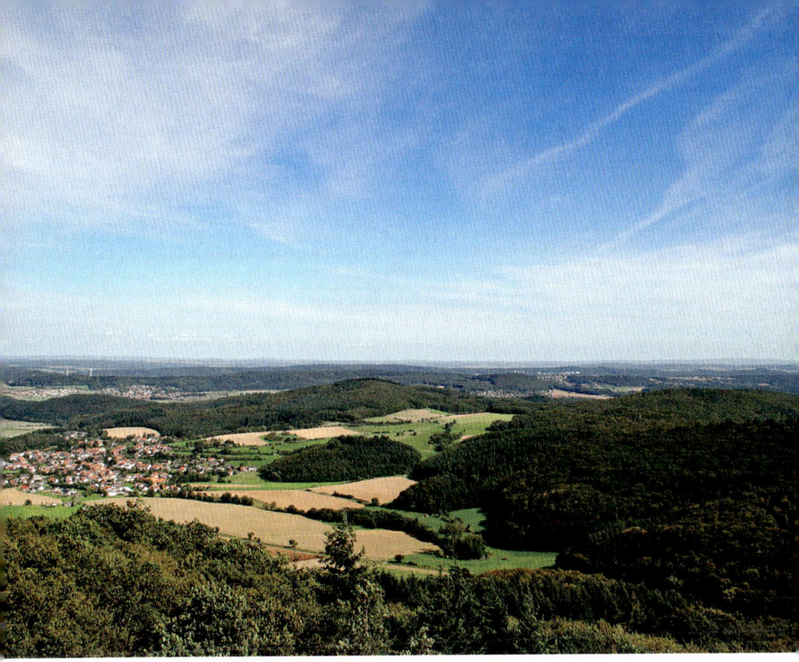

Weitblick vom Rimbergturm.

links und folgen anschließend im Wald der LW-Markierung zum Hohenfels (402 m) hinauf. Unterhalb des Gipfels spitzwinklig abknickend nimmt Ihr Weg den letzten Aufstieg zu den spärlichen Ruinen der **Burg Hohenfels (2)**, die sich auf zwei Areale verteilen. Zu sehen sind nur einige Mauerreste und ein Kellergewölbe. Es darf angenommen werden, dass die Bereiche zu unterschiedlichen Zeiten bebaut wurden. Wann das war, ist nicht erwiesen, wenngleich aus einer Urkunde aus dem Jahr 1249 die Benennung des Burgbergs in Hohenfels und Zuweisung der Doppelburg an die Herren von Hohenfels belegt.

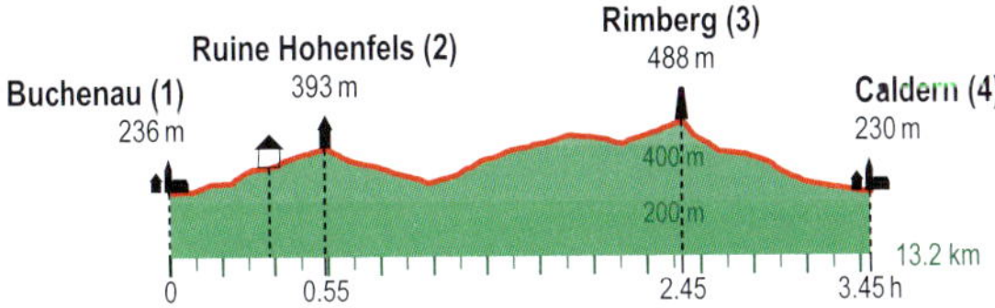

Einen Rechtsbogen beschreibend und anschließend der Hanglinie folgend senkt sich der Weg im Wald zu einer offenen Sattellage hin ab. Beim Waldaustritt sieht man sich dem Treisberg (437 m) gegenüber und wendet sich am Teerweg nach links. Nach gut 500 m schwenkt der LW nach rechts Richtung Wald, bleibt aber zunächst noch im offenen Gelände, wo er erneut rechts abzweigend und einen Teich passierend bis zur nächsten bewaldeten Hügelfront noch einmal an Höhe einbüßt. Zwischen den Hügeln versteckt liegen einige kleinere Dörfer, die der LW aber nicht durchmisst. Stattdessen wendet er sich am Waldsaum nach rechts, streift einen weiteren Weiher und gewinnt im Taleinschnitt rasch an Höhe. An der Weggabelung vollziehen Sie eine Kehrtwende nach links und erreichen nach knapp 400 m wieder eine Wiesenfläche. An der Wegkreuzung halten Sie sich rechts und dringen wenig später erneut in den Wald ein. Wieder erwartet Sie im Anstieg an der Weggabel eine Kehre nach links. Auf einer Höhe von ca. 450 m verlassen Sie den Wald und wandern zunächst einen Bogen um die Waldnase schlagend mit schönem Blick über die offenen Hochflächen Richtung Rimberg (497 m). Am Fuß des bewaldeten Berges startet der letzte Anstieg des Tages, wofür Sie auf dem Gipfel jedoch reichlich belohnt werden. Der Rundblick, der sich Ihnen vom 24 m hohen **Rimbergturm (3)** bietet, ist einfach grandios. Im Nordwesten erstreckt sich das Rothaargebirge mit seinen zahl-

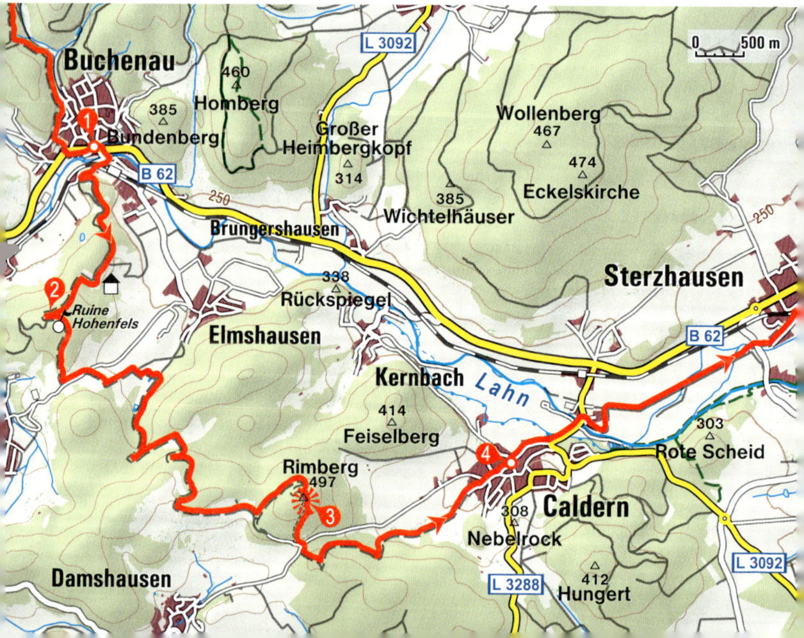

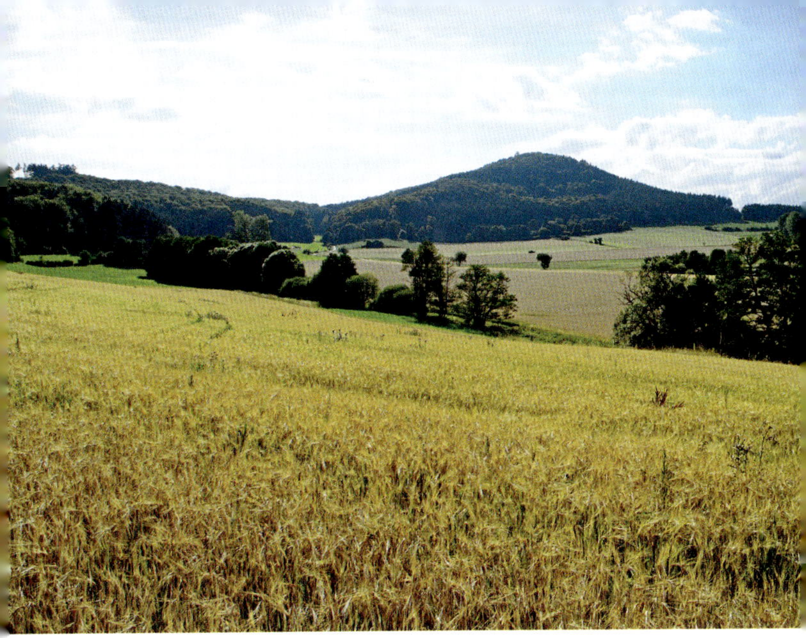

Fruchtbares Ackerland vor dem Rimberg.

reichen Bergkuppen. Allen voran erkennt man die Sackpfeife (673 m) mit dem 210 m hohen Sendemast. Auch Burg Biedenkopf ist mit einem scharfen Auge auszumachen. Den Blick nach Süden dominiert die mit einem Fernsehturm bestückte Angelburg (609 m) und weiter südlich ist bei besonders guter Sicht der Große Feldberg (881 m) im Taunus mit seinem markanten Turmensemble zu erahnen.
Im Wetzlarer Umland ragt der Dünsberg (498 m) heraus, während die viel weiter entfernten Höhen des Vogelsbergs klarer Sichtverhältnisse bedürfen. Von der Horizontlinie grüßen Wester- und Kellerwald als unscharfe Scherenschnitte.
Auf einem schmalen Pfad folgt der Abstieg vom Rimberg in südlicher Richtung. Am Waldaustritt folgt man dem Forstweg nach links und der kreuzenden Fahrstraße ca. 50 m nach rechts. Hier schlägt sich der LW in den Wald und trifft nach etwa 400 m auf einen breiten Waldweg, der Sie linker Hand abwärts in die Wiesengründe vor **Caldern (4)** leitet. Auf einem Feldweg erreichen Sie den Ort mit auffallend dörflichem Charme. Im Bereich der Lahnbrücke findet sich 350 m außerhalb des Ortskerns mit dem Hotel zur Lahnbrücke Ihr heutiges Etappenziel.

6 Von Caldern nach Marburg

4.30 Std.
16,5 km

Universitätsstadt voraus

Die Vorfreude auf die hübsche Universitätsstadt Marburg mit ihren zahlreichen Sehenswürdigkeiten begleitet den Wanderer. Dabei ist die Etappe klar zweigeteilt. Während im ersten Teil offene Landschaften mit schönen Weitsichten dominieren, bestimmen ab der überschaubaren Burgruine Weißenstein dichte Wälder das Bild. Am schön gelegenen Behring-Mausoleum, der Grabstätte des ersten Nobelpreisträgers für Medizin kann man innehalten, bevor der Abstieg nach Marburg unmittelbar vor der imposanten Elisabethkirche endet.

Ausgangspunkt: Caldern. Erreichbarkeit: Zugverbindung nach Marburg.
Endpunkt: Marburg. Erreichbarkeit: siehe Folgeetappe, Rückfahrt nach Caldern: per Zug möglich.
Höhenunterschiede: Aufstieg: 340 m, Abstieg: 380 m.
Anforderungen: Leicht. Trotz einiger kleinerer Anstiege ist die zumeist auf bequemen Wanderwegen verlaufende Tour unbeschwerlich. Lediglich hinter Wehrda geht es kräftig bergan.
Einkehr: Wehrda.
Unterkunft: **Caldern:** siehe vorherige Etappe. **Marburg:** Hotel Zur Sonne, Markt 14, 35037 Marburg, Tel. +49 6421 17190, E-Mail: sonne-marburg@googlemail.com, zur-sonne-marburg.de; Hesse-Stübche, Untergasse 10, 35037 Marburg, Tel. +49 6421 25887, E-Mail: webmaster@hessestuebche.de, hessestuebche.de.
Touristeninformation: **Caldern:** Gemeinde Lahntal, Oberdorfer Straße 1, 35094 Lahntal, Tel. +49 6420 8230 0, lahntal.de, **Marburg:** siehe Folgeetappe.

Auf den Lahnhöhen vor Marburg.

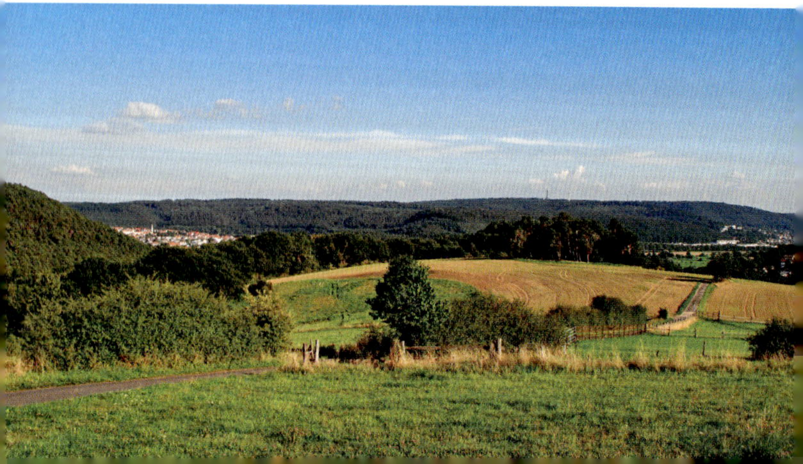

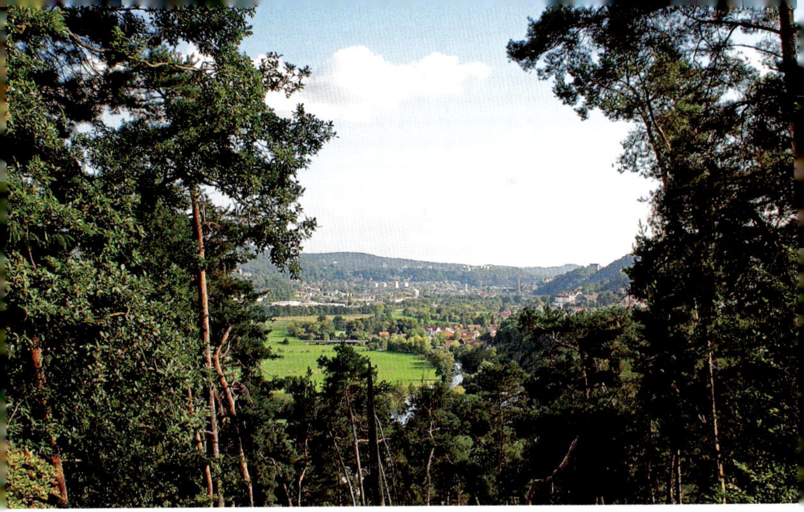

Blick von der Ruine Weißenstein Richtung Marburg.

Vom Hotel an der Lahnbrücke bei **Caldern (1)** geht es durch die landwirtschaftlich genutzten Auen des Flusstals nach **Sterzhausen (2)**. Der Lahnwanderweg tangiert den Ort am südlichen Rand. Er verläuft noch etwa 250 m parallel zum Fluss und zweigt anschließend rechtwinklig nach rechts ab.
Die Gegend wirkt trotz der zahlreichen bewaldeten Hügel weitläufig, da die Täler breit ausgeformt sind. Felder, Wiesen und Weiden mit Pferden und Kühen prägen das Bild. Auf der Höhe kann man sogar auf Galloway-Rinder stoßen. Eine liebliche Idylle, die man besonders im Frühjahr oder an sonnigen Spätsommertagen gerne durchwandert.
In mäßigem Anstieg gelangt man über den Sattel zwischen Kalkberg (rechts) und Eisenberg (links) auf eine wellige Hochfläche, die immer wieder schöne Weitblicke ins Umland ermöglicht. Rechts talwärts lässt der LW sowohl das Dorf Michelbach als auch die vorgelagerte Neubausiedlung unberührt. Stattdessen bahnt er sich zwischen den Feldrainen einen eigenwilligen Zickzack-Kurs, der an der Waldnase des Wehrholzes gipfelt.

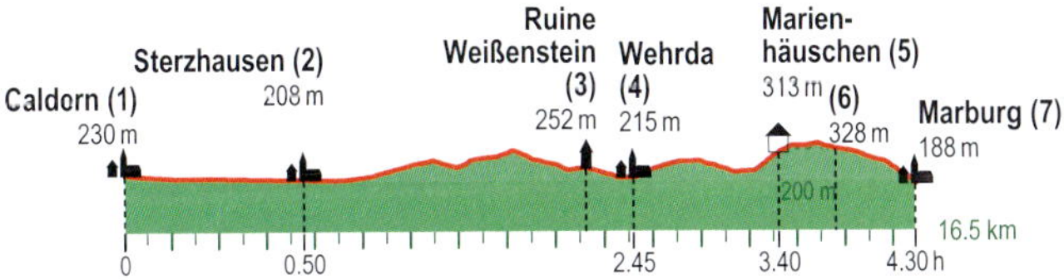

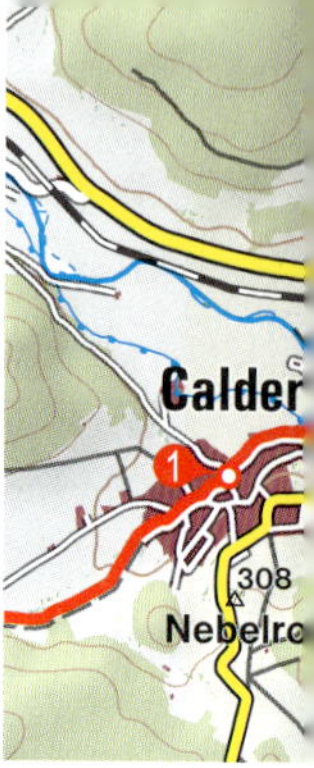

Nach kurzem, geradem Abstieg folgt der nächste moderate Anstieg zu einer mit mächtigen Windrädern bestückten Kuppe. In Ehrfurcht einflößenden Bewegungen durchschneiden die riesigen Rotorblätter die Luft. Sicherlich wird es noch ein, zwei Generationen dauern, bis der Anblick der schlanken Kraftwerke den scharfen Kontrast zur umgebenden Landschaft in der Wahrnehmung mildert, aber bei der Vorstellung, dass hier stattdessen ein Kohlekraftwerk stehen könnte, um den Energiehunger fortschrittsorientierter Gesellschaften zu stillen, wirkt das umweltfreundliche Schnurren eher beruhigend als störend.

Der Weg führt am Waldrand entlang, während sich auf der anderen Talseite ein gewaltiger Steinbruch ins Sichtfeld schiebt, der großflächige Einblicke ins Innere der Lahnberge erlaubt. Helles Gestein leuchtet reflektorartig aus dem Grün des umgebenden Waldes. Der hier abgebaute Sandstein wurde u. a. für den Bau der Marburger Elisabethkirche und des Berliner Reichstags verwendet. Bestens geführt erreicht man nach etwa einem Kilometer und deutlichem Höhenverlust einen Abzweig zur **Burgruine Weißenstein (3)**. Der kleine erhaltene Mauerumriss lohnt den Abstecher nur bedingt, allerdings bietet sich von der 230 m hohen weißen Buntsandsteinklippe ein eindrucksvoller Blick ins Lahntal Richtung Marburg. Auf einem Teerweg erreicht man – eine schön gelegene Grillhütte passierend – im Tal **Wehrda (4)**, jedoch bringt Sie der LW nicht ins Ortszentrum,

Friedliche Abendstimmung am Behring-Mausoleum.

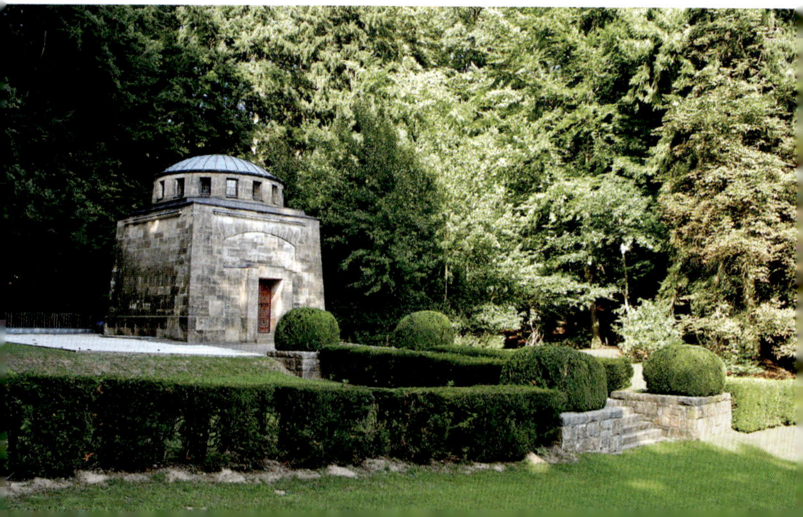

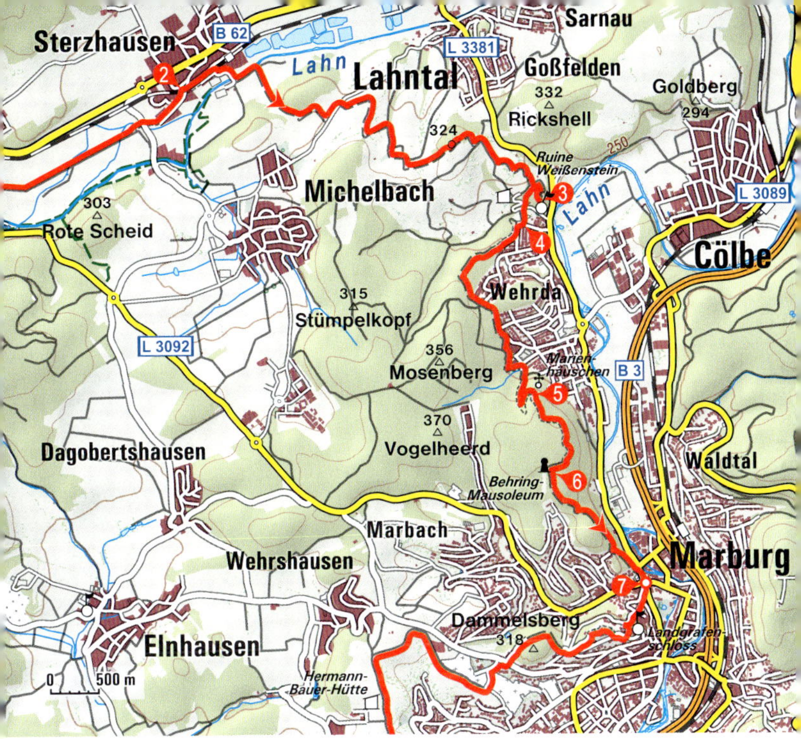

i Burgruine Weißenstein

Der helle Sandstein des Untergrundes gab der Burg einst ihren Namen. Archäologische Untersuchungen aus den Jahren 1884/85 und 1956/57 sowie in den 1980er-Jahren belegen die Annahme einer ersten Bebauung der Stelle Ende des 9. bis Anfang des 10. Jahrhunderts.

Der im 10. Jahrhundert fertig gestellte Wohnturm wurde im 11. Jahrhundert durch einen dreieckigen Anbau erweitert, was dem Grundriss die eigentümliche fünfeckige Form verlieh.

Durch eine ebenfalls auf diese Zeit datierte Ringmauer, welche mit Erdreich hinterfüllt war, konnte die Ausdehnung der Anlage auf etwa 620 m² erweitert werden. Im Gelände zur flach abfallenden Nordwestseite sind noch heute Gräben zu erkennen, welche die Burg zusätzlich gegen Angriffe absichern sollte. Viel gebracht hat es nicht, denn die Burg wurde bereits im späten 11. oder im frühen 12. Jahrhundert zerstört.

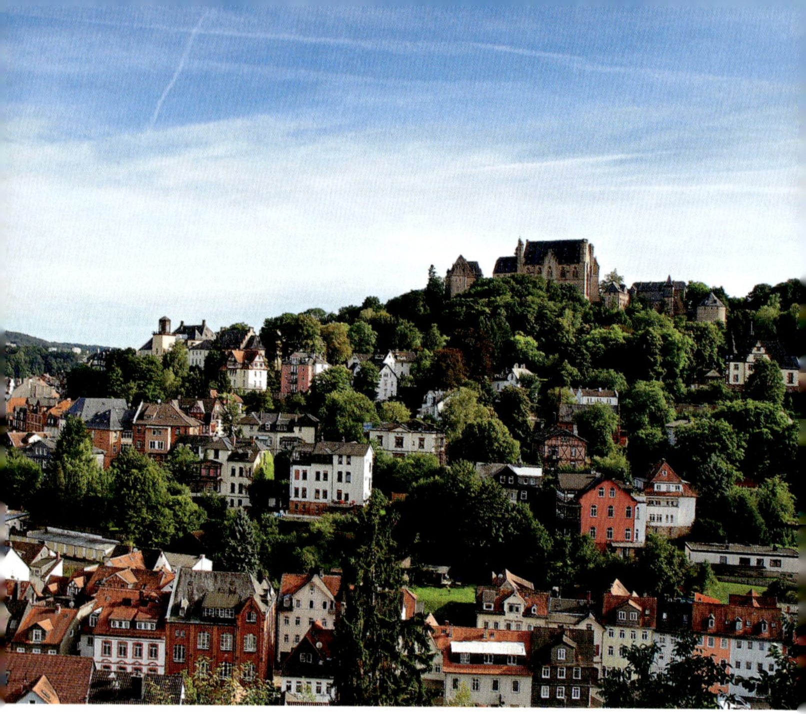

Blick zum Marburger Schloss.

sondern windet sich im Bogen westlich um die äußeren Häuser herum. Rasch gewinnt man im Wald wieder an Höhe, tangiert aber nochmals ein Areal mit Mehrfamilienhäusern. Erneut erreicht man im Taleinschnitt des Teufelsgrabens den Ortsrand von Wehrda. Hier gibt es unterhalb der Sportplätze eine Einkehrmöglichkeit, bevor der LW an der Hangflanke zum **Marienhäuschen (5)** ansteigt, um sich anschließend auf der Höhe durch einen anmutigen Mischwald zum **Behring-Mausoleum (6)** zu winden. Emil von Behring, der hier seine letzte Ruhestätte fand, entwickelte erste wirksame Heilseren gegen Diphtherie und Wundstarrkrampf. 1901 erhielt er für seine Entdeckung der Antikörper und die dadurch mögliche Herstellung von Impfstoffen den ersten Nobelpreis für Medizin.

Auf dem letzten Wegstück neigt sich der LW unter erheblichen Höheneinbußen der Marburger **Altstadt (7)** zu, die ihn direkt vor dem Portal der imposanten Elisabethkirche aufnimmt. Die Kürze dieser Etappe erlaubt Ihnen eine ausgiebige Erkundung der geschichtsträchtigen Universitätsstadt.

Marburg

Marburg ist ein echtes Highlight am Lahnwanderweg und zugleich auch die größte Stadt, die der Wanderweg passiert. Dabei gelingt es ihm, sich ihr quasi im Schutz des Waldes bis ins Stadtzentrum hinein zu nähern, denn urplötzlich steht der Wanderer nach dem Abstieg auf steilem Pfade vor der gewaltigen Elisabethkirche, einer der Hauptsehenswürdigkeiten der über 70.000 Einwohner zählenden Universitätsstadt.

Als einer der ersten rein gotischen Kirchenbauwerke im deutschsprachigen Raum wurde sie vom Deutschen Orden errichtet und bereits 1283 fertiggestellt.

Landgraf Philipp I. von Hessen 1539, der auch der Großmütige genannt wurde, war es, der im Jahre 1527 die Marburger Universität gründete. Sie ist die älteste protestantische Hochschule, die bis in die heutige Zeit überlebt hat. Die Philipps-Universität zählt derzeit über 26.000 Studierende.

Den ältesten Teil der Universität bildet das ehemalige Dominikanerkloster. Es befindet sich als Ensemble aus alter Universität und Universitätskirche in unmittelbarer Lahnnähe.

Das Wahrzeichen von Marburg ist das hoch über der Stadt gelegene und weithin sichtbare Landgrafenschloss. Die ältesten von außen sichtbaren Gebäudeteile stammen aus dem 13. Jahrhundert und dienten dem ersten hessischen Landgrafen Heinrich I., einem Enkel der heiligen Elisabeth als Residenz. Der sogenannte Wilhelmsbau, dessen Grundsteinlegung 1493 erfolgte, beherbergt heute das Universitätsmuseum für Kulturgeschichte.

Eine Besonderheit bietet der Nordtrakt mit dem Ende des 13. Jahrhunderts erbauten gotischen Fürstensaal. Mit einer Grundfläche von rund 420 Quadratmetern stellt dieser den größten gotischen Profansaal Deutschlands dar. In der 1290 geweihten Schlosskapelle können große Teile der ursprünglichen Wandmalereien und ein historischer Fußboden aus glasierten Tonfliesen besichtigt werden.

Beachtung verdienen aber auch weitere Zeugnisse historischer Baukunst, wie das Rathaus von 1527, das Steinerne Haus aus dem frühen 13. Jahrhundert oder die Kugelkirche von 1517, um nur einige zu nennen.

Neben den Einzelbauwerken ist es aber ganz sicher die Altstadt als Gesamtanlage, die zur großen Beliebtheit Marburgs bei Einheimischen und Touristen beiträgt. Schmale Gassen, Treppen und eine Vielzahl gut erhaltener Fachwerkhäuser bilden eine stimmungsvolle Kulisse für einen ausgiebigen Bummel.

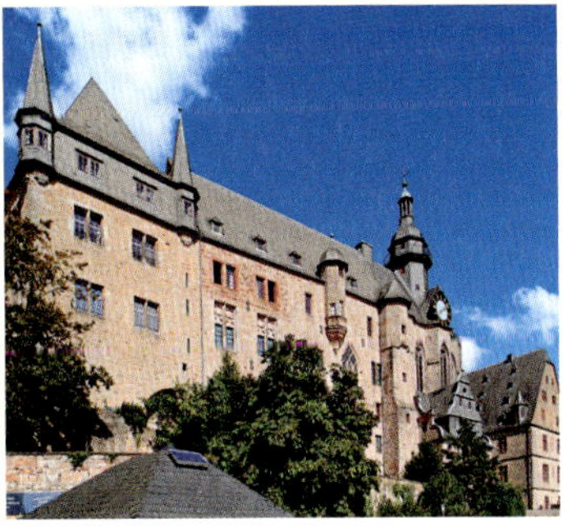

Front des Landgrafenschlosses.

7 Von Marburg nach Fronhausen

6.00 Std.
23,5 km

Hinaus aufs Land

Die lange Etappe führt aus den engen Gassen Marburgs über den Schlossberg in den sehenswerten Park und weiter über die Höhe zu einer Wildrosenallee. Herrliche Weitblicke begleiten Sie, Marburg und sein Schloss auf der einen, die Hügel des Gladenbacher Berglandes auf der anderen Seite und voraus eine beschauliche Auenlandschaft, in die man gerne eintaucht. Stille Orte, kleine Wälder und landwirtschaftliche Nutzflächen prägen das Bild. Nach der Stadt- scheint es diesmal die Landluft zu sein, die frei macht.

Ausgangspunkt: Marburg. Erreichbarkeit: gute Anbindung an den Bahnverkehr.

Endpunkt: Fronhausen (über LW-Zuweg). Erreichbarkeit: siehe Folgeetappe, Rückfahrt nach Marburg: per Zug möglich.

Höhenunterschiede: Aufstieg: 350 m, Abstieg: 360 m.

Anforderungen: Leicht. Außer ihrer Länge bietet die Etappe keine besonderen Schwierigkeiten.

Einkehr: Oberweimar (So. ab 12 Uhr, Sa. und Fr. ab 18:30 Uhr). Ausreichend Proviant mitnehmen!

Unterkunft: **Marburg:** Siehe vorherige Etappe. **Fronhausen:** Hotel Euler, Bahnhofstraße 10, 35112 Fronhausen, Tel. +49 6426 206, E-Mail: hotel-euler@gmx.de, hotel-euler-fronhausen.de.

Touristeninformation: **Marburg:** Marburg Stadt und Land Tourismus GmbH, Wettergasse 6, 35037 Marburg, Tel. +49 6421 9912 40, E-Mail: info@marburg-tourismus.de, marburg-tourismus.de. **Fronhausen:** wie Marburg.

Elisabethkirche und Hexenturm.

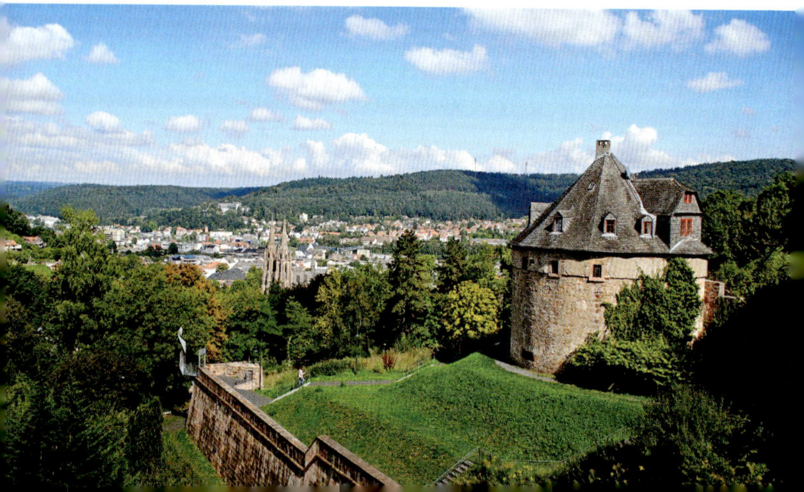

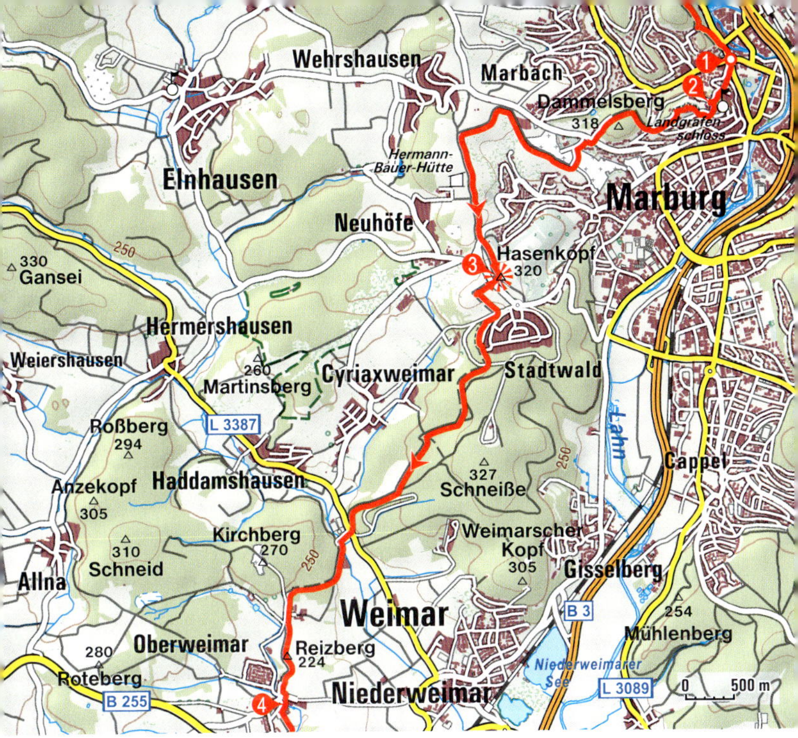

Die zweitlängste Etappe des Lahnwanderweges beginnt an der Elisabethkirche in **Marburg (1)**. Schräg gegenüber des Hauptportals weist die Wegmarkierung beim Steinweg ins Gewirr der engen Altstadtgassen. Halb rechts übernimmt zunächst der Rote Graben und schließlich ein schmaler Fußweg, der steil bergan führt. An der kreuzenden Straße (Renthof) halten Sie sich kurz links, bevor rechter Hand der Hainweg Richtung **Landgrafenschloss (2)** führt. Trutzig stellt sich dem aufstrebenden Wanderer der bastionsartig anmutende Hexenturm entgegen, und Schritt für Schritt wird man sich der erstaunlichen Größe der Anlage bewusst. Von der Südseite aus entlohnt der herrliche Blick über die alte Universitätsstadt Marburg für den ersten heftigen Anstieg des Tages, ehe der LW westwärts durch den stimmungsvollen Schlosspark geleitet. Prächtige Villen säumen den Weg, der vor der Siedlung am Sandweg im weiten Bogen um den Dammelsberg herumführt. An der Straße gehen Sie kurz nach rechts und dann zweimal links, wo Sie den Friedhof am Rotenberg passieren. Dahinter bringt Sie ein Wirtschaftsweg vorbei an Feldern und Streuobstwiesen leicht ansteigend zur

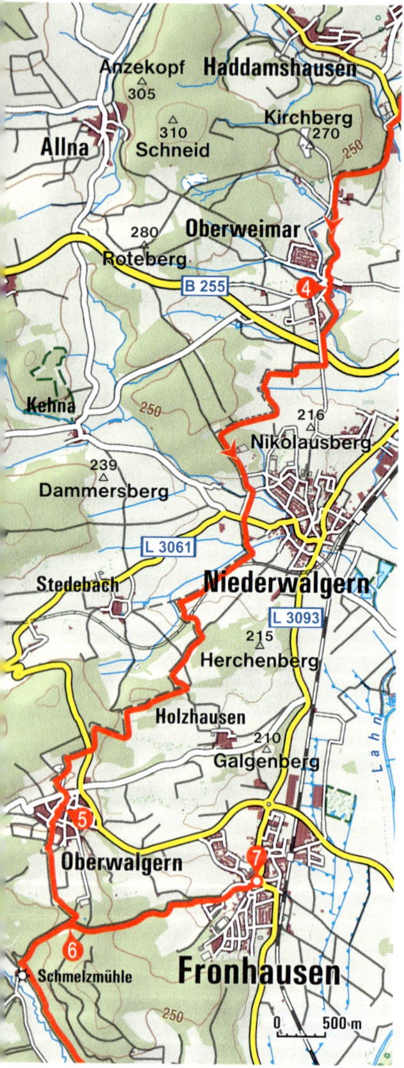

Hermann-Bauer-Hütte. Eine Hinweistafel informiert darüber, dass hier die im Einführungsteil bereits erwähnte »Weinstraße« verlief, die seit dem 7./8. Jahrhundert dem Transport von Waren diente. Sie war Teil der uralten Handels- und Heerstraße zwischen Frankfurt und Hildesheim. Der Name leitet sich dabei nicht vom Wein als Transportgut ab, sondern vom hessischen »Waan« für Wagen. Es war also einfach eine Wagenstraße.

Neben den Weitblicken über die hügelige Landschaft hält das nachfolgende Wegstück etwas Besonderes für Blumenfreunde bereit. Wohl dem, der den Weg zur Blütezeit bewandert, denn er darf sich entlang des Wildrosenlehrpfades an 50 verschiedenen Arten ergötzen. Allen anderen bleiben zumindest die kunstvollen Illustrationen des französischen Pflanzenmalers Pierre-Joseph Redouté (1759–1840).

Während sich zur Linken nochmals schöne Blicke auf das Marburger Schloss einstellen, zieht sich der Weg nach dem Überqueren der Landstraße zum aussichtsreichen **Hasenkopf (3)** empor, wo sich der LW auf der Kuppe rechtwinklig nach rechts wendet. Herrlich ist der Ausblick über das Gladenbacher Bergland mit seinen zahlreichen bewaldeten Gipfeln. Nach dem abermaligen Kreuzen einer Landstraße heißt es nach ca. 220 m Achtung, denn auch hier biegt der Weg in offener Feldlage rechtwinklig ab, und zwar diesmal nach links! Vor der Siedlung schwenkt er nach rechts und zieht sich im Waldsaumbereich bo-

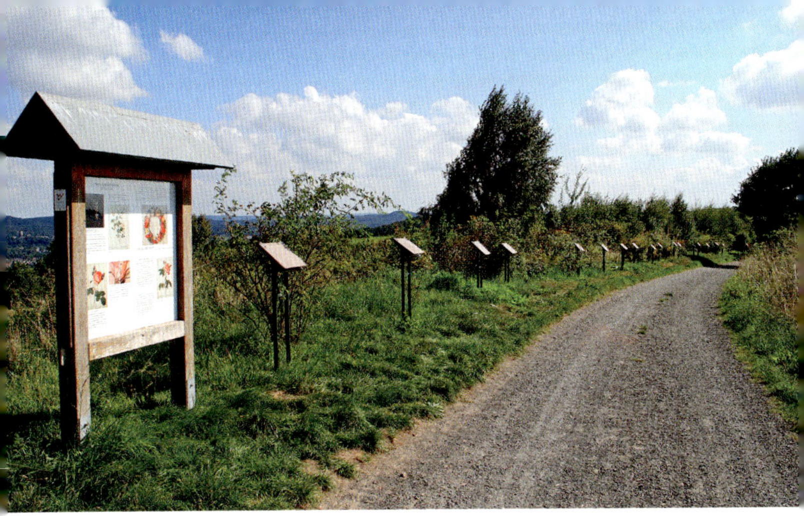

Wildrosenlehrpfad mit kunstvollen Illustrationen.

genförmig um das bebaute Areal herum. Rechter Hand in den Wald leitend beginnt nun ein etwa 2,5 Kilometer langer Abstieg. Im Talgrund passieren Sie die Tennisplätze und eine Kläranlage, um im Wald den kurzen Gegenanstieg auf der anderen Talseite zu nehmen. Beim Waldaustritt führt der links abzweigende Feldweg auf **Oberweimar (4)** zu, wo leider nur sonntags eine Einkehrmöglichkeit besteht. Beachtenswert sind die alten Grabsteine bei der 1733 eingeweihten Martinskirche. Kurz hinter der Kirche zweigt der LW nach links ab und verlässt Oberweimar zwischen Wiesen und Ackerbauflächen. Am Querweg hält man sich dann wieder links und kreuzt die Felderlandschaft, um dem größeren Waldstück zuzustreben. Man sollte hier genau auf die Wegzeichen achten. Nach kurzem Auf- und Ab sowie einem Linksknick entschlüpft der Wanderer dem Wald in Sichtweite von Niederwalgern. Der LW führt zwischen Feldern in respektvollem Abstand an dem Ort vorbei, aus dem eine trutzige Wehrkirche herausragt. Ansonsten besticht das folgende Wegstück durch die schönen Weitblicke in die offene Landschaft. Gemächlich zieht sich der Weg zur bewaldeten Höhe hinauf, die man im Zickzack

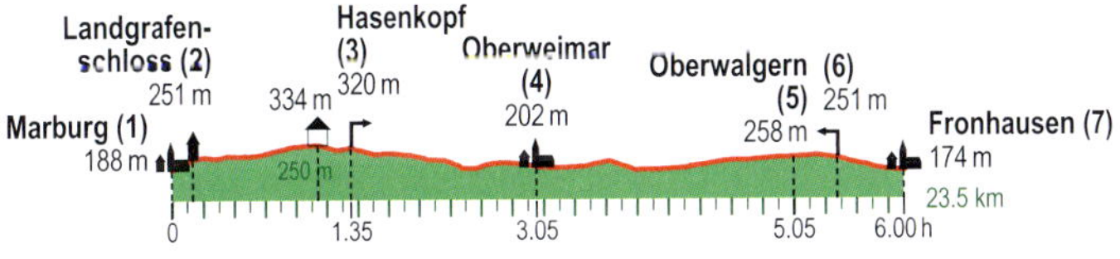

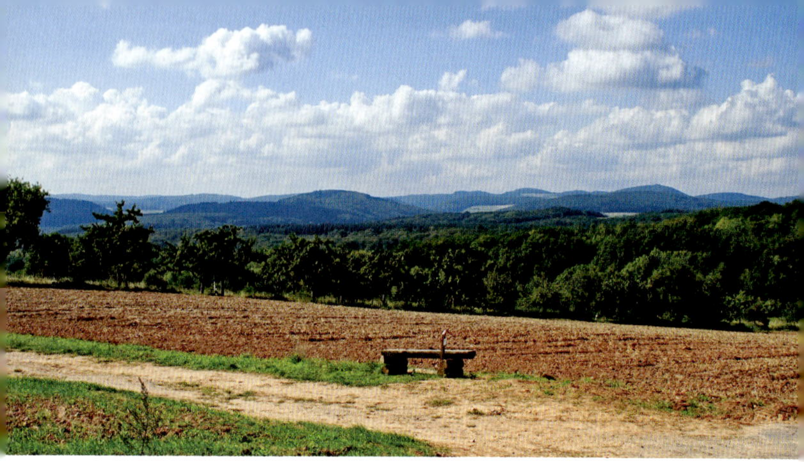

Blick vom Hasenkopf zum Rothaargebirge.

durchquert, um auf der anderen Seite nach kurzem Verbleiben am Waldrand **Oberwalgern (5)** zuzustreben. Das Dorf ist, wie es in Anbetracht der Umgebung kaum anders zu vermuten gewesen wäre, ländlich geprägt und auch eine etwaig aufkeimende Hoffnung auf eine Einkehrmöglichkeit wird nicht befriedigt. Vom südwestlichen Ortsrand geleitet der LW durch die Felder zum Wald, wo nach knapp 250 m am Abzweig ein **LW-Zuweg (6)** nach Fronhausen weist, dem heutigen Etappenort. Da auf diesem Teilstück keine Übernachtung direkt am LW besteht, führt am gut zwei Kilometer langen aber durchaus stimmungsvollen Abstieg nach **Fronhausen (7)** leider kein Weg vorbei.

i Fronhausen

Der 1159 erstmals bezeugte ruhige Etappenort befand sich im Besitz des Kanonissenstifts Essen, während die Schenken von Schweinsberg als Vögte fungierten. Von ihrem Sitz, der sogenannten Oberburg, ist noch eine spätmittelalterliche Kemenate vorhanden. Die größere Unterburg von 1367 wurde im 18. Jahrhundert umgestaltet, wobei ein Steinbau im mittelalterlichen Zustand erhalten blieb. Fronhausen besticht durch eine große Anzahl bedeutender Bauten, wie einer spätmittelalterlichen Scheune von 1516, einer geschlossenen Hofanlage mit Torbau von 1796 sowie Häusern im Renaissancestil und Fachwerkhäusern aus dem 17. bis 18. Jahrhundert. Markantestes Bauwerk Fronhausens ist die historische Wehrkirche. Der Helm des Chorturms aus dem 16. Jahrhundert ist mit vier Wichhäuschen besetzt. Während das Langhaus romanisch ist und ein Fischgrätmauerwerk offenbart, ist die Apsis bereits gotisch.

5.30 Std.
20,4 km

Von Fronhausen nach Krofdorf-Gleiberg **8**

Idyllische Täler und ein Burgen-Zwilling

Die sehr schöne Wanderung führt Sie zunächst ins liebliche Tal der Salzböde mit seinen historischen Mühlen, die heute gastronomisch genutzt werden. Nach einem kräftigen Anstieg erwartet Sie auf der Kuppe des Altenbergs ein fantastischer Weitblick über die ausgedehnte Hügellandschaft. Waldreich führt der Weg anschließend in ein lauschiges Kerbtal, bevor man sich in den Bannkreis zweier sehr ähnlicher Burgen begibt.

Ausgangspunkt: Fronhausen (über LW-Zuweg). Erreichbarkeit: Zugverbindung nach Marburg.
Endpunkt: Krofdorf-Gleiberg. Erreichbarkeit: siehe Folgeetappe, Rückfahrt nach Fronhausen: per Bus und Zug möglich.
Höhenunterschiede: Aufstieg: 460 m, Abstieg: 360 m.
Anforderungen: Leicht. Mittellange Tour mit einigen kurzen knackigen Anstiegen. Gut ausgebaute Wanderwege.
Einkehr: Schmelz-Mühle, Schönemühle (Salzböden).
Unterkunft: **Fronhausen:** siehe vorherige Etappe. **Krofdorf-Gleiberg:** Hotel an der Burg, Burgstraße 84, 35435 Wettenberg (Krofdorf-Gleiberg), Tel.: +49 641 97 227004, E-Mail: info@hotel-an-der-burg.de; am **Gewerbegebiet vor Krofdorf-Gleiberg:** Hotel Wettenberg, Am Augarten 1, 35435 Wettenberg, Tel. +49 641982050, E-Mail: anfrage@hotel-wettenberg.de, hotel-wettenberg.de; Pension Wettenberg, Torstraße 22, 35435 Wettenberg, Tel. +49 641 9844554, pension-wettenberg.de.
Touristeninformation: **Fronhausen:** Marburg Stadt und Land Tourismus GmbH, Wettergasse 6, 35037 Marburg, Tel. +49 6421 9912 40, E-Mail: info@marburg-tourismus.de, marburg-tourismus.de. **Krofdorf-Gleiberg:** siehe Folgeetappe.

Der Rathausstraße westwärts folgend erreicht man einen kleinen mit einem Brunnen versehenen Platz, von dem die Pfingststraße zum Ortsrand von **Fronhausen (1)** führt. Von der gelben LW-Zuweg-Markierung geleitet nimmt Sie geradeaus ein bewaldeter Streifen längs der Felder auf. Kurz hinter der Weggabelung, an der Sie sich links halten, schließt sich der Wald. Wenn Sie an der Lichtung auf den LW treffen, haben Sie auf den ersten zwei Weg-

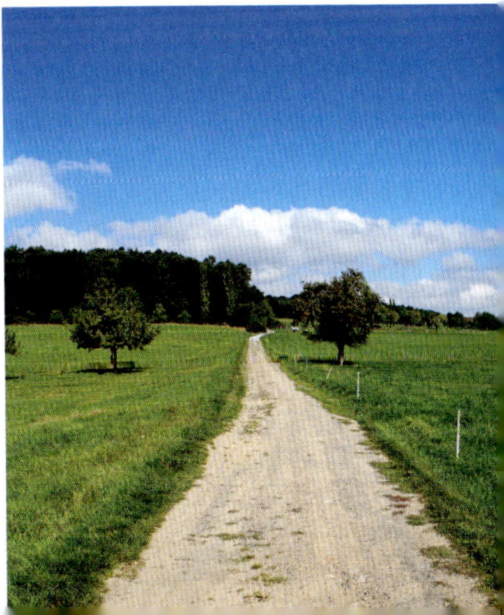

Auf dem Weg von Wißmar nach Launsbach.

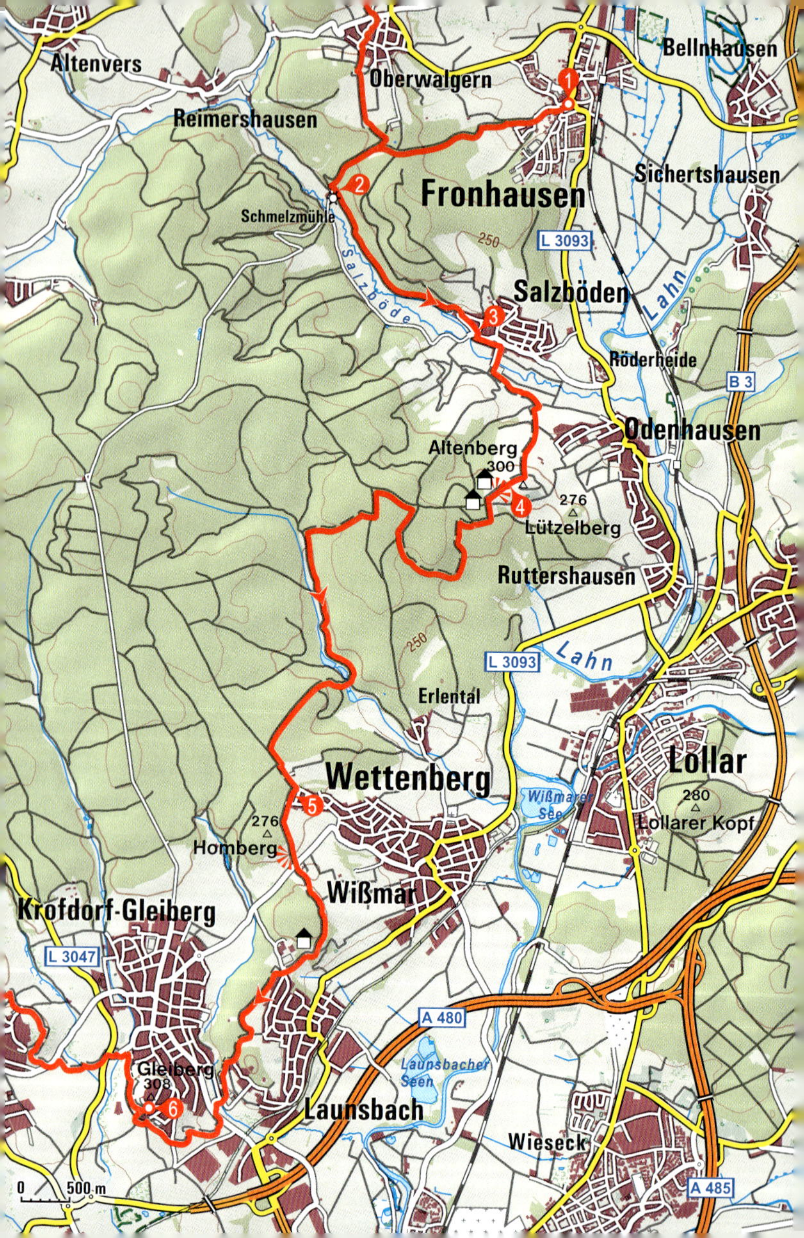
Altenvers
Oberwalgern
Bellnhausen
Reimershausen
Sichertshausen
Fronhausen
Schmelzmühle
L 3093
250
Salzböde
Salzböden
Lahn
Röderheide
B 3
Odenhausen
Altenberg
300
276
Lützelberg
Ruttershausen
250
L 3093
Lahn
Erlental
Wettenberg
Lollar
Wißmarer See
280
Lollarer Kopf
276
Homberg
Wißmar
Krofdorf-Gleiberg
L 3047
A 480
Launsbacher Seen
Gleiberg
308
Launsbach
Wieseck
0
500 m
A 485

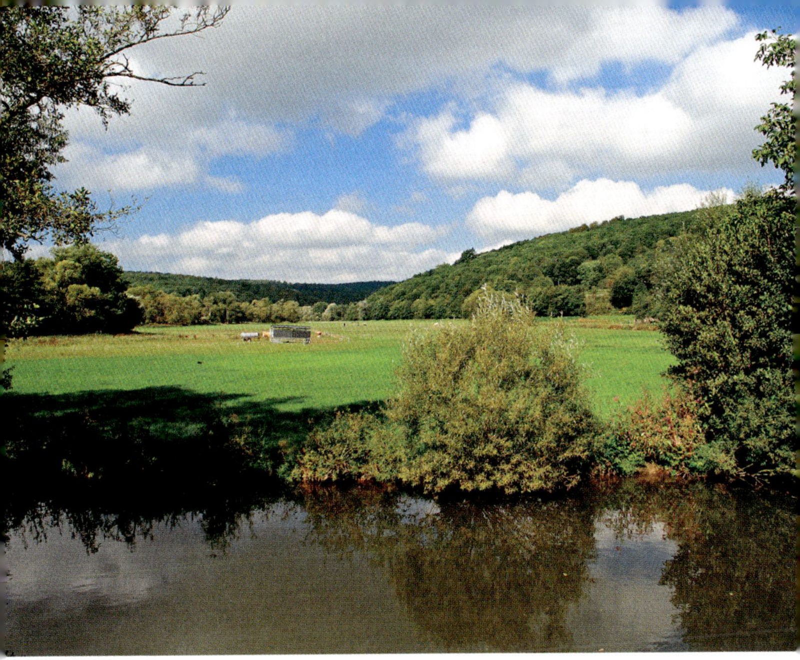

Im lieblichen Tal der Salzböde.

kilometern bereits deutlich an Höhe gewonnen. In gerader Linie geht es weiter zur **Schmelz-Mühle (2)**, die Sie dann nach gut 900 m erreichen. Das Ausflugslokal mit einem wunderschönen Biergarten ist von Mittwoch bis Sonntag ab 11:30 Uhr geöffnet.
Sie befinden sich nun im Tal der Salzböde, welches schon Rainer Maria Rilke als landschaftlich besonders reizvoll beschrieb, als er sich 1905 einige Monate im nahe gelegenen Schloss Friedelhausen aufhielt. Der Name Salzböde deutet vermutlich auf den etwas erhöhten Salzgehalt im Boden hin, wobei sich der zweite Wortteil Böde möglicherweise vom althochdeutschen Wort Bode ableitet, was soviel bedeutet wie Bach. Am Waldsaum entlang folgt der LW linksseitig dem sich durch die Wiesen schlängelnden Bachlauf. Nach zwei besinnlichen Kilometern erreicht man **Salzböden (3)**, wo sich mit der Schönemühle die nächste stimmungsvolle Einkehrmöglichkeit bietet. Die 1710 erbaute Mühle war bis 1815 Eigentum des Landesfürsten von Nassau-Weilburg und danach bis 1852 in Besitz des preußischen Königs. Ob die Herren als Müller taugten, ist nicht überliefert. Die Talstraße bringt Sie zur alten Steinbrücke, vor der der LW links abzweigt und den Ortsrand schnei-

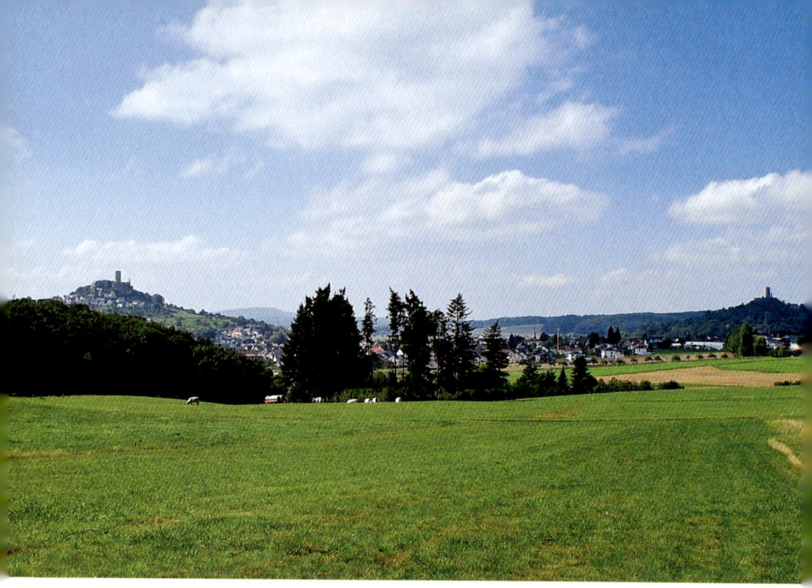

Ein Blick – zwei Burgen.

det. An der Bachstraße halten Sie sich rechts, tangieren einen Sportplatz und biegen hinter dem Pferdeparcours rechtwinklig links ab.

Zwischen den Feldern sollte man Kräfte für den bevorstehenden Aufstieg sammeln, der nach einer Links-rechts-Kombination am kreuzenden Wirtschaftsweg beginnt. Von der unbewaldeten Kuppe des 299 m hohen **Altenbergs (4)** – auf Karten auch als Altenburg bezeichnet – hat man einen schönen Ausblick über Salzböde- und Lahntal, bevor der LW im Wald von einem kleineren Taleinschnitt unterbrochen eine Bergkuppe im Rechtsbogen umfassend weiter ansteigt. An der markanten Wegkreuzung halten Sie sich links und biegen gut 500 m danach wieder erneut links ab. Nach weiteren 300 m beginnt am rechts abzweigenden Weg der Abstieg ins Wißmarbachtal. Parallel zum Bachlauf zieht sich der LW durch die Idylle des engen Tales.

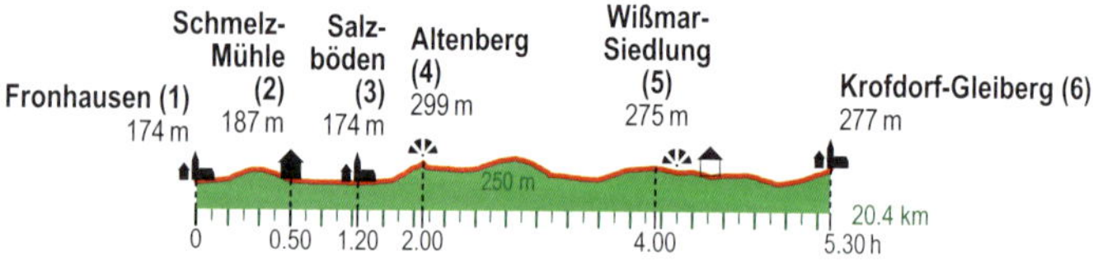

Zwischen den Stauteichen biegt der Weg rechts ab und leitet im Wald sofort einen weiteren kräftigen Anstieg ein. Hinter der Bergkuppe wendet man sich an der T-förmigen Kreuzung nach links und erreicht wenig später eine **Randsiedlung von Wißmar (5)**. Am Waldrand entlang strebt man einem Höhensattel entgegen, der einen herrlichen Ausblick auf die burgbekrönten Bergkegel von Gleiberg und Vetzberg gestattet. Die Kreisstraße K169 kreuzend windet sich der LW um die Bergkuppe Alte Schanze herum, um oberhalb von Launsbach auf eine Grillhütte zu stoßen. Die Sportanlagen passierend und sich anschließend am Waldrand orientierend quert man die Hügelphalanx, die Launsbach von Gleiberg trennt. Abwärts schwenkend scheint der LW den Ort aber zunächst umgehen zu wollen, da es ihn nach dem Überqueren der Hauptverkehrsader (Wetzlarer Straße) im Talgrund linksseitig in die Felder zieht. In der Ortsrandzone gewinnt man zwischen Ackerbauflächen kreuzend rasch an Höhe und erhält schließlich durch die Straße Pfortgärten unterhalb der Burg doch noch Zugang zum Ortszentrum von **Gleiberg (6)**.

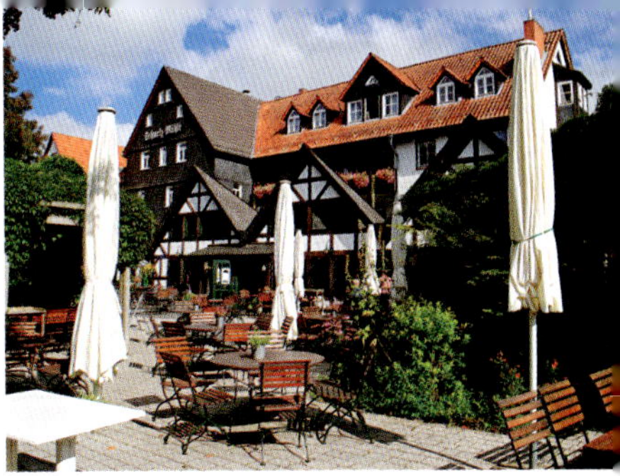

Gaststätte Schmelzmühle.

i Krofdorf-Gleiberg

Markantes Wahrzeichen des zur Gemeinde Wettenberg gehörenden Doppelortes ist ohne Frage die Burgruine. Auf dem 308 m hohen Basaltkegel errichtete Graf Friedrich I. aus dem Hause Luxemburg um das Jahr 1000 eine erste Befestigungsanlage, womit er den sprichwörtlichen Grundstein für die Dynastie derer von Gleiberg legte. Diese erste Burg, von der die Grundmauern eines viereckigen Wohnturms erhalten geblieben sind, wurde 1103 durch den späteren Kaiser Heinrich V. zerstört. In der zweiten Hälfte des 12. Jahrhunderts kam es dann aber zum Wiederaufbau, in dessen Zuge der beherrschende 30 m hohe Bergfried entstand. Unter den Herren von Merenberg, die ab 1170 fast 150 Jahre lang auf Burg Gleiberg herrschten, wurden neue und stärkere Befestigungsanlagen errichtet. Im 13./14. Jahrhundert verstärkte man die Burg durch zusätzliche Ringmauern, die den unteren Burghof mit einbezogen. Das half jedoch nur temporär, denn im 30-jährigen Krieg wurde die Burg bis auf den Bergfried weitgehend zerstört. Besucher des Städtchens sollten auch die Katharinenkirche beachten, die um 1350 direkt vor dem ehemaligen Haupteingang der Burg errichtet wurde. Während der gotische Chor auf die zweite Hälfte des 14. Jahrhunderts zurückgeht, wurde das L-förmig angebaute Kirchenschiff erst 1621 fertiggestellt.

9 Von Krofdorf-Gleiberg nach Wetzlar

5.30 Std.
21,3 km

Burgen, Römer und ein eigenwilliger Dom

Die heutige Etappe hat viel Geschichtliches zu bieten. Sind es zunächst die trutzigen Burgen Gleiberg und Vetzberg, die die Aufmerksamkeit auf sich ziehen, so ist es im Wald ein altes Steinkreuz. In den Lahnauen stößt man mit einem kleinen Abstecher auf konservierte Grundmauern eines römischen Forums. Hinter der Garbenheimer Warte bringt Sie ein idyllischer Bachweg mitten ins Herz der historischen Altstadt von Wetzlar, wo ein Blick hinter die Kulissen des Doms ganz Erstaunliches zutage fördert.

Ausgangspunkt: Krofdorf-Gleiberg. Erreichbarkeit: Busverbindung nach Gießen.
Endpunkt: Wetzlar. Erreichbarkeit: siehe Folgeetappe, Rückfahrt nach Krofdorf-Gleiberg: per Bus über Gießen möglich.
Höhenunterschiede: Aufstieg: 340 m, Abstieg: 450 m.
Anforderungen: Mittel. Eine längere Etappe mit zwei kräftigen Anstiegen und größeren Abschnitten auf Asphalt.
Einkehr: Garbenheim.
Unterkunft: **Krofdorf-Gleiberg:** siehe vorherige Etappe. **Wetzlar:** Hotel Wetzlarer Hof, Obertorstr. 3, 35578 Wetzlar, Tel. +49 6441 9080, E-Mail: hotel@wetzlarerhof.de, wetzlarerhof.com; Pension Domblick, Langgasse 64, 35576 Wetzlar, Tel. +49 6441 90160, E-Mail: anfrage@domblick.de, domblick.de.
Touristeninformation: **Krofdorf-Gleiberg:** Touristik-Kooperation Gleiberger Land c/o Landkreis Gießen, Stabsstelle Tourismus, Riversplatz 1–9, 35394 Gießen, Tel. +49 641 93901763, info@gleiberger-land.de, gleiberger-land.de. **Wetzlar:** siehe Folgeetappe.

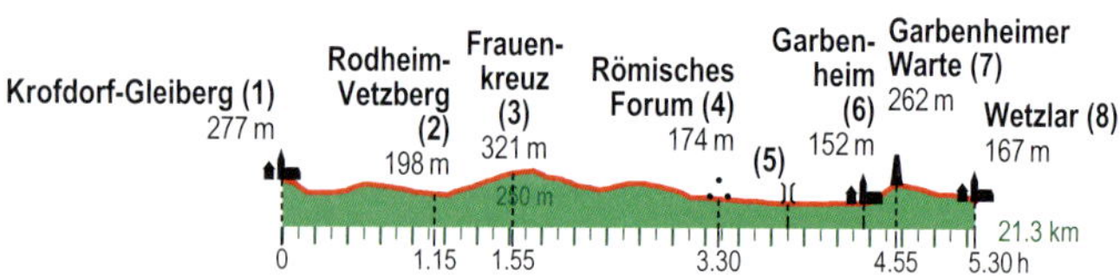

Direkt unterhalb der mittelalterlichen Burgruine von **Gleiberg (1)** beginnt die Etappe nach Wetzlar. Falls Sie die Burg nicht schon erkundet haben, sollten Sie den kleinen Abstecher einplanen, denn vom Bergfried aus bietet sich ein hervorragender Rundblick zur Burg Vetzberg, dem Dünsberg mit dem Funkturm, ins Lahntal und nach Gießen.
Der LW zieht sich vom Parkplatz aus rasch an Höhe verlierend um der Burgberg herum und anschließend linker Hand zwischen Wiesen und Buschwerk zum Ortsrand, wo Sie sich an der Kinzenbacher Straße links halten und wenig später an der Brücke die Landstraße überqueren. Felder säumen den Weg, von dem aus sich geradezu spiegelbildartige Ausblicke zu den beiden

Burgen einstellen. Nach einem knappen Kilometer erklimmt der Weg den Basaltkegel der Burg Vetzberg, welche über einen LW-Zuweg erreicht werden kann.

Burg Vetzberg

Die Burgen Gleiberg und Vetzberg bestimmen das Landschaftsbild der Gegend auf eigentümliche Weise, denn nur anderthalb Kilometer voneinander entfernt stehen sie sich auf ihren Basaltstöcken wie steinerne Zwillinge gegenüber. Auch besitzrechtlich standen sie dabei in enger Beziehung, denn die zwischen 1100 und 1150 erbaute und ab Mitte des 13. Jahrhunderts erweiterte Burg Vetzberg entstand als Zweitburg der Gleiberger Grafen. 1226 wurde sie als »Vogtisburg« erwähnt, was darauf hindeutet, dass sie von einem Gleiberger Vogt bewohnt wurde. Bis heute erhalten geblieben sind der 22,7 m hohe Bergfried, die Giebelwand des Palas, Teile der Ringmauern und Reste der Unterburg.

Die Hauptroute des LW umkreist die Kuppe auf halber Höhe und schweift an der rückwärtigen Seite wieder in die weitläufige Felderlandschaft, bevor der Ortskern von **Rodheim-Vetzberg (2)** passiert wird. An der Gießener Straße halten Sie sich von der Pfarrgasse her kommend links, um gleich wieder rechts in den Durchgang einzuschwenken. Die Bieber überquerend verlässt der LW hinter den Gewächshäusern und Kleingärten den Ort, wo er im Zickzack-Kurs im Wald die erste Anhöhe erklimmt. Immer weiter steigt der Weg an und erreicht ca. 700 m nach dem Hochbehälter die Schutzhütte am **Frauenkreuz (3)**. Es ist nicht eindeutig geklärt, wann das Kreuz aufgestellt wurde und warum. Aufgrund der aufgetragenen Wappen muss es aber nach 1353 gewesen sein. Der Sage nach soll ein Graf hier seine Frau erschlagen haben und später aus Reue ein Sühnekreuz errichten lassen. Es könnte sich aber auch um ein Friedenskreuz handeln. An der folgenden Kreuzung biegt LW rechts Richtung Königstuhl (348 m) ab. Auf der Bergkrone befinden sich bizzare Basaltformationen, die durch Lava-

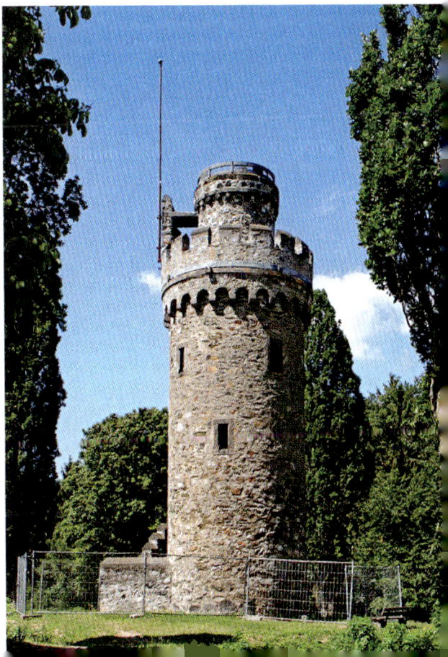

Die Garbenheimer Warte.

ergüsse und pyroklastische Ablagerungen gebildet wurden. Um den in der Region auch als Spitzenberg, Hämuskopf oder Himberg bezeichneten Hügel ranken sich zahlreiche Sagen und Mythen, wonach er Richtstätte und Wohnsitz eines Riesen gewesen sein soll. Der Wegweiser Sternschanze verweist zudem auf Wehrbefestigungen, die im Siebenjährigen Krieg (1756–1763) von braunschweigischen und alliierten Truppen angelegt wurden. Der LW führt am Wegweiser zu den Schanzenresten geradeaus und an der T-förmigen Einmündung nach links.

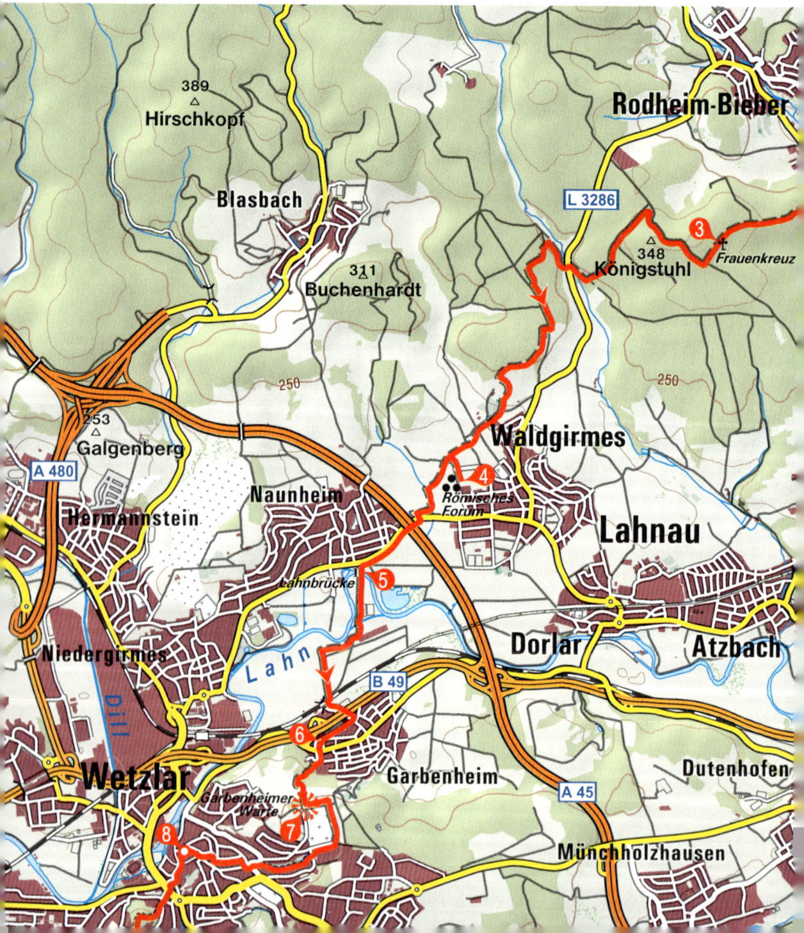

Eine Hinweistafel informiert über die ehemaligen Gruben in der Gegend, bevor man im Tal den Schwalbenbach und die Landstraße kreuzt. Hier folgt man auf der gegenüberliegenden Talseite dem Bachlauf nach rechts, bevor nach ca. 450 m ein linker Hand spitzwinklig abzweigender Weg im Wald den Hang erklimmt. Oben stoßen Sie auf eine Forststraße, die Sie an den Waldrand geleitet. Zunächst am Waldrand verharrend, fällt der LW schon bald zwischen weitläufigen Feldern stark ab. Den Ortsrand von Waldgirmes streifend, strebt der Wanderer auf angenehmen Wiesenwegen einer archäologischen Sensation zu, die am kreuzenden Wirtschaftsweg einen Abstecher lohnt, dem ehemaligen Standort eines **römischen Forums (4)**! Ein weithin sichtbares, goldglänzendes Reiterstandbild markiert das teilrestaurierte Areal.

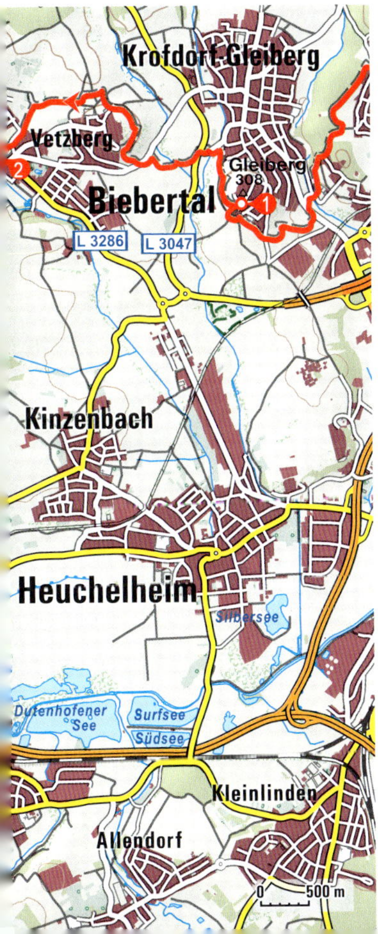

Römisches Forum Waldgirmes

1995 durchgeführte archäologische Grabungen förderten den ersten Nachweis einer zivilen römischen Stadt um Christi Geburt in Germanien nördlich der Alpen und östlich des Rheins zutage. Die konservierten Steinfundamente des Forums sind damit die ältesten römischen Ursprungs in Deutschland. Neben zahlreichen Schmuck- und Gebrauchsgegenständen wurden hier auch die weltweit einzigartigen Fragmente einer lebensgroßen vergoldeten Reiterstatue des Kaisers Augustus gefunden. Eine weithin sichtbar goldglänzende Nachbildung der ursprünglichen Statue ziert das Areal. Keramikfunde konnten belegen, dass Römer und Germanen hier einst friedlich zusammenlebten. Die römische Stadt wurde einige Jahre vor Christi Geburt gegründet. Sie wurde nach der Niederlage der Römer in der Varusschlacht bei Kalkriese im Teutoburger Wald (9 n. Chr.) aufgegeben.

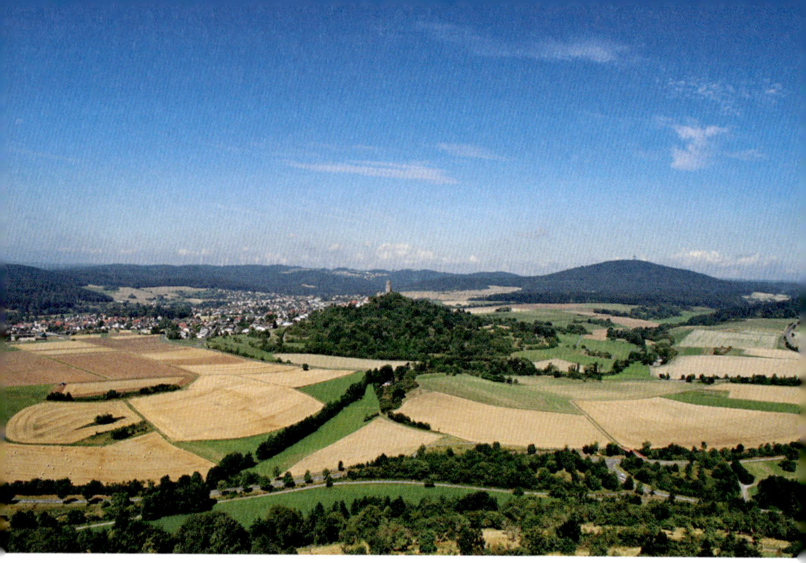

Blick zur Burg Vetzberg.

Wieder auf dem Lahnwanderweg, überquert man die Autobahn A45 und erreicht den südlichen Ortsrand von Naunheim. Im Zenit der an den Ort heranreichenden kleinen Lahnschleife bringt Sie eine **Brücke (5)** in einen schönen auf der Landzunge angelegten Park. Hinter den Sportplätzen passiert man eine kleine Schleuse und gelangt in die auch von Segelfliegern genutzten Lahnauen. Auf der anderen Seite der Wiesenlandschaft führt der LW bestens markiert durch **Garbenheim (6)**, einen kleinen Wald und über Wiesen und Felder zur **Garbenheimer Warte (7)**. Der Anstieg hat es nochmals in sich, aber dafür wartet oben einmal mehr ein herrlicher Ausblick. Im Carré wird ein Friedhof umgangen, bevor ein idyllischer Bachweg in die **Wetzlarer Innenstadt (8)** führt. Schon bald stellt sich eine sehenswerte Bebauung ein, die im Erreichen des Domplatzes gipfelt.

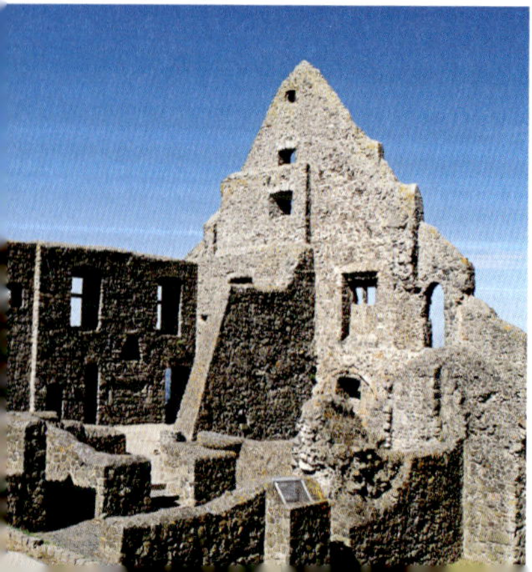

Burgruine Gleiberg.

Wetzlar

Man schrieb den 10. Mai 1772, als einer der bis heute wichtigsten Bewohner der Stadt in Wetzlar eintraf, nämlich Goethe. Obwohl er nur einen Sommer lang an der Lahn weilte, hat er Spuren hinterlassen, von denen Wetzlar noch heute zehrt. Eine unglückliche Liebe zu Charlotte Buff, Tochter des Wetzlarer Kastnereiverwalters und Deutsch-Ordens-Amtmanns, sorgte jedoch dafür, dass er Wetzlar in den frühen Morgenstunden des 11. September 1772 wieder verließ. Kurz nach seinem Abschied nimmt sich der ihm bekannte Legationssekretär Karl Wilhelm Jerusalem in seiner Wohnung am Schillerplatz 5 in Wetzlar aus Liebeskummer das Leben. Seine Wetzlarer Erlebnisse verarbeitete Goethe 1774 in »Die Leiden des jungen Werther«. Das imposanteste und zugleich überaus eigenwillige Bauwerk Wetzlars ist ganz ohne Frage der Dom. Schon aus einiger Entfernung bemerkt man die Uneinheitlichkeit der Fassade. Roter Sandstein am Turm, verputzte Wandflächen und gelegentlich offen liegender grüner Schalstein wirken wie ein moderner Versuch, verschiedene historische Baustile zu kombinieren. Vom repräsentativen Domplatz aus zeigt sich, dass der geplante zweite Turm nie über das Sockelgeschoss hinauskam, das große Mittelportal jedoch angelegt wurde. Noch interessanter wird es, wenn man linksseitig um das Portal herumgeht, Hinter der filigran aufstrebenden gotischen Fassade klafft leerer Raum, an den eine zweite Fassade angrenzt. Diese entpuppt sich als Rest jener spätromanischen Basilika, die zugunsten eines Kirchenneubaus ursprünglich komplett abgetragen werden sollte. Damit die Kirche auch während der Umbauphase genutzt werden konnte, sollte der Abbruch in Etappen erfolgen.

Immerhin war die spätromanische Stiftskirche erst 40 Jahre alt, als man um 1230 mit dem Bau einer größeren Kirche begann. Im 14. Jahrhundert gerieten die Arbeiten aus Finanzierungsnot ins Stocken und wurden Ende des 15. Jahrhunderts schließlich eingestellt.

Den schönsten Blick auf Wetzlar hat man meines Erachtens vom jenseitigen Lahnufer aus, wo sich Altstadt und Dom über der alten Steinbrücke kulissenartig auftürmen. Die gut erhaltene bzw. liebevoll restaurierte Altstadt lädt zum Flanieren mit historischem Ambiente ein. Hier bietet das Reichskammergerichtsmuseum interessante Einblicke in das Zusammenwirken der Reichsorgane sowie deren Bedeutung für die Sozial- und Mentalitätsgeschichte. Das Stadt- und Industriemuseum zeichnet anhand historischer Zeugnisse die wirtschaftliche Entwicklung Wetzlars nach, während das 2007 eröffnete Viseum auf die Bereiche Optik, Feinmechanik und Sensorik eingeht, die für die alte Stadt an der Lahn insbesondere durch die Firma Leitz eine herausragende Bedeutung haben.

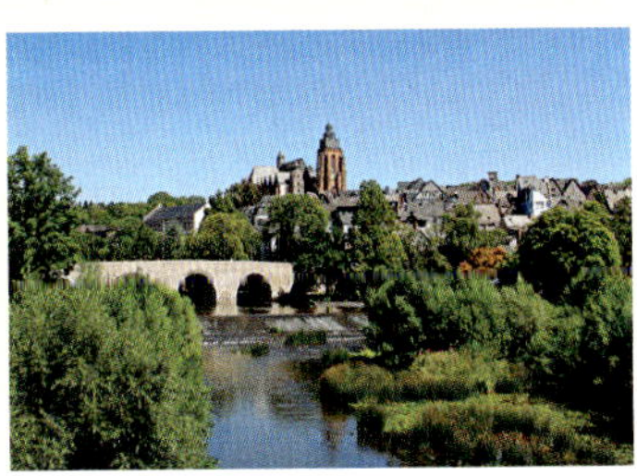

Altstadt mit Dom und Lahnbrücke.

10 Von Wetzlar nach Braunfels

3.30 Std.
12,9 km

Ein Schloss wie aus dem Bilderbuch

Die kurze Tagesetappe erlaubt Ihnen einen späten Antritt der Wanderung. Somit ergibt sich die Möglichkeit, sich ausführlich den Wetzlarer Sehenswürdigkeiten zu widmen. Man verlässt die Stadt mit einem herrlichen Panoramablick vom Kalsmuntturm, um sich dann durch eine weitläufige Wald- und Wiesenlandschaft Schloss Braunfels zu nähern. Der Weg führt durch das ehemalige Erzabbaugebiet mit zahlreichen stillgelegten Gruben. Heute gibt es hier ein Vogelschutzgebiet.

Ausgangspunkt: Wetzlar, Domplatz. Erreichbarkeit: gute Bahnanbindung.
Endpunkt: Braunfels. Erreichbarkeit: siehe Folgeetappe, Rückfahrt nach Wetzlar: mit Bus und Bahn möglich.
Höhenunterschiede: Aufstieg: 290 m, Abstieg: 200 m.
Anforderungen: Leicht. Wenige kurze Anstiege, gute Beschaffenheit der Wanderwege und Pfade.
Einkehr: Keine. Ausreichend Proviant mitnehmen!
Unterkunft: **Wetzlar:** siehe vorherige Etappe. **Braunfels:** Gasthof am Turm, Marktplatz 11, 35619 Braunfels, Tel. +49 6442 5582, E-Mail: Info@amturm.de, amturm.de; Parkhotel Fürstenhof, Am Kurpark 7, 35619 Braunfels, E-Mail: post@parkhotel-fuerstenhof.de, parkhotel-fuerstenhof.de.
Touristeninformation: **Wetzlar:** Tourist-Information, Domplatz 8, 35578 Wetzlar, Tel. +49 6441 997755, E-Mail: tourist-info@wetzlar.de, wetzlar-tourismus.de. **Braunfels:** siehe Folgeetappe.

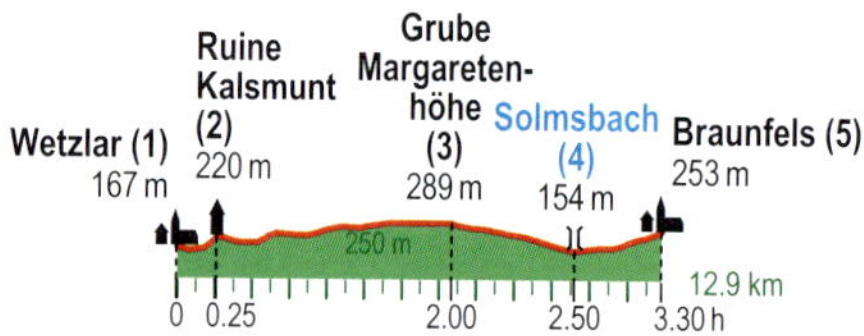

Die heutige Tour beginnt am Domplatz in **Wetzlar (1)**. Von dort führt der LW via Schwarzadlergasse, Krämerstraße, Eisenmarkt sowie Silhöfer Straße zum Schillerplatz hinunter, wo die Silhöfertorstraße den Altstadtbereich verlässt. Die Fußgängerunterführung nutzend wechseln Sie am stark befahrenen Karl-Kellner-Ring die Straßenseite, umgehen das Leica-Gebäude im Uhrzeigersinn und gelangen über die rechter Hand abzweigende Schützenallee zu einem alten Stadttor. Im Wald führt nun ein Pfad unter raschem Höhengewinn zur **Kalsmunt-Ruine (2)** hinauf, von wo aus sich Ihnen ein herrlicher Blick auf Wetzlar eröffnet.
Wenn Sie das Wäldchen gemäß der LW-Wegzeichen passiert haben, beginnt auf der spitzwinklig rechts abzweigenden Straße der kurze Abstieg.

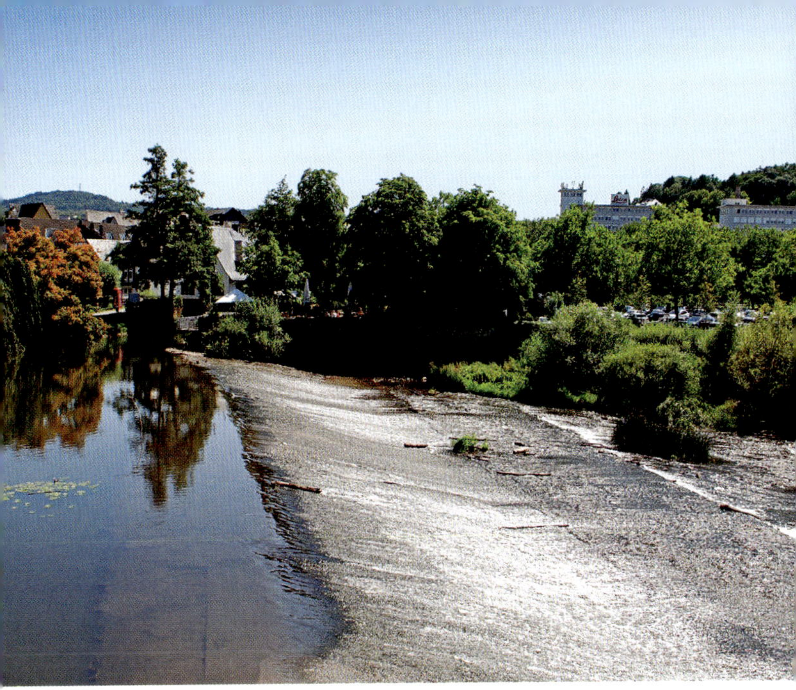

Wehr an der alten Lahnbrücke zu Wetzlar.

i Kalsmunt-Ruine

Der schmucklose quadratische Turm, dessen Name sich möglicherweise von Karl dem Großen ableitet, steht heute in erster Linie für seinen phänomenalen Ausblick auf Wetzlar. Und selbstverständlich verdankt er auch seiner exponierten Position oberhalb des Lahntals seine militärische Nutzung. Vermutlich stand hier bereits im 9. Jahrhundert eine Festung. Als gesichert gilt, dass Kaiser Friedrich I. in der zweiten Hälfte des 12. Jahrhunderts umfangreiche Ausbauten an der Anlage vornehmen ließ. Im 13.Jahrhundert war im Kalsmunt eine Reichsmünzstätte untergebracht. Da es den Burgherren gelang, sich aus Streitigkeiten herauszuhalten und gute Beziehungen zur Stadt Wetzlar zu pflegen, wurde der Kalsmunt niemals angegriffen. Nachdem die strategische Bedeutung verloren gegangen war, verfiel die Burg und diente fortan als Steinbruch.

Nach nur 150 m wenden Sie sich am Wirtschaftsweg nach links und schreiten die Ackerbauflächen ab, bis linker Hand ein wieder nur kurzer Anstieg auf den Rödeberg hinaufführt. Im Rechtsbogen wird nun eine Waldnase umwandert und auch im weiteren Verlauf folgt der Weg dem Waldsaum. Am kreuzenden Fahrweg halten Sie sich links und schwenken wenig später in der offenen Landschaft an der Kreuzung nach rechts. Sie befinden sich hier an einem einstmals sehr ertragreichen Erzabbaugebiet mit vielen kleineren und größeren Bergwerken. In der Grube Amanda, die von 1858 bis 1915 die Sophienhütte versorgte, waren zu Spitzenzeiten mehr als 200 Bergleute beschäftigt. Ab 1897 gab es für die Beförderung des Erzes sogar eine Seilbahn mit einer Gesamtlänge von 5,2 km.

Aussichtsreich führt der Weg teilweise über eine offene Landschaft, teilweise am Waldrand entlang, was herrliche Weitblicke zulässt. Erst ab dem ehemaligen Standort der **Grube Margarethenhöhe (3)** bei den Teichen verliert der Weg an Höhe und senkt sich zunächst in den Feldern, dann im Wald merklich ab, um im Talgrund bei Oberndorf den **Solmsbach (4)** zu überqueren. Voraus erkennt man bereits die Türme des mächtigen Schlosses von Braunfels.

Gehen Sie nun 50 m nach links an der L3283 entlang und biegen Sie anschließend rechter Hand ab. Ein nach wenigen Metern links abzweigender

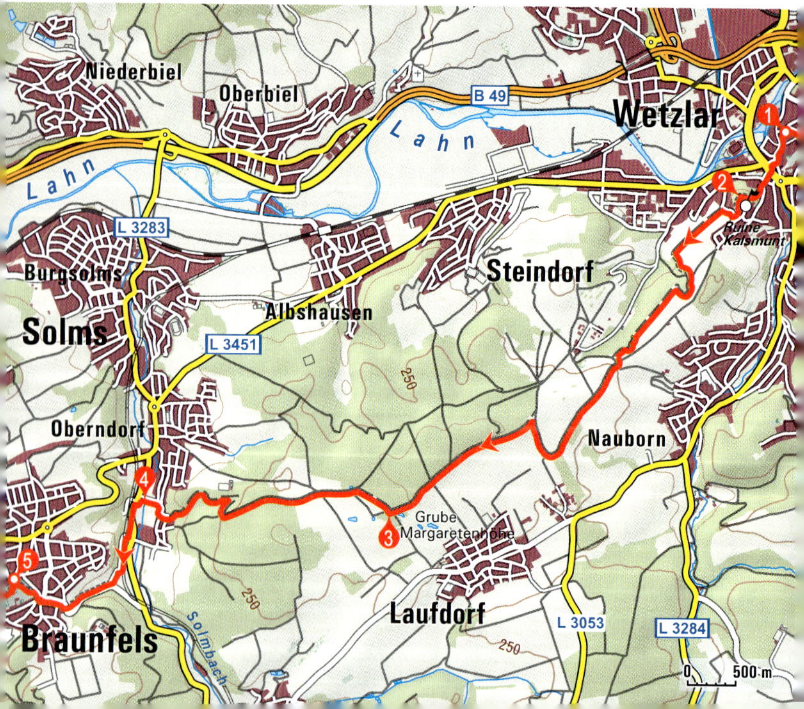

Schotterweg geleitet Sie durch den Wald zur Altenbachstraße, der Sie einen knappen halben Kilometer folgen. Durch einen rechts ansteigenden Wiesengrund schneiden Sie den Straßenverlauf ab, treffen aber nach weiteren 500 m erneut auf die Altenbachstraße, welche Sie bergan nach **Braunfels (5)** hineinfolgen. Über die Straße Kirschenhohl, die Ahornallee und durch den Kurpark gelangen Sie schließlich zum Marktplatz.

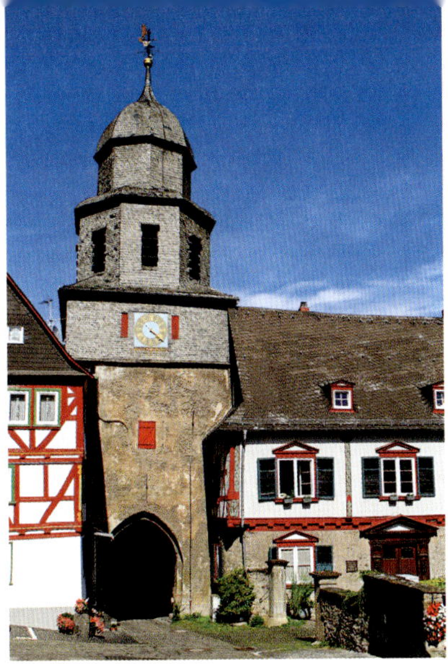

Der Torturm in der Altstadt von Braunfels klemmt sich zwischen Sichtfachwerk.

Braunfels

Bereits die erste urkundliche Erwähnung Braunfels' aus dem Jahre 1246 als »Castellum Bruninfels« deutet auf die starke Verbindung des Ortes mit dem Schloss hin, welches weithin sichtbar auf der Bergkuppe thronend das Gesamtbild des Städtchens bestimmt. Im Laufe seiner langen Geschichte veränderte sich die Anlage stetig. So wurde die ursprüngliche Schutzburg aus dem 13. Jahrhundert nach dem Aufkommen von Feuerwaffen mit größerer Reichweite durch Ringmauern mit Verteidigungstürmen und Wallanlagen verstärkt. Nach Zerstörungen im 30-jährigen Krieg und einem Großfeuer 1679 erfolgte der Wiederaufbau unter Graf Heinrich Trajektin. Ende des 17. Jahrhunderts wurde der Sitz im Stile des Barocks ausgebaut. Das heutige mittelalterlich anmutende Erscheinungsbild entstand ab 1845, als die fürstliche Eignerschaft das Schloss mit vielen malerischen Türmen und Erkern ausstatten ließ. Das Schloss, das fürstliche Familienmuseum mit Schatzkammer und die Schlosskirche können besichtigt werden. Vom historischen Marktplatz aus führt ein Weg durch das Tor und die Vorburg hinauf zur Kernburg. Der Marktplatz ist gleichzeitig auch das Zentrum der malerischen Altstadt. Reich verzierte Fachwerkhäuser und einladende Cafés prägen das Bild.
Ein weiteres Highlight stellt der idyllische Herrengarten dar, der Anfang des 17. Jahrhunderts von Graf Albrecht I. von Solms als Terrassengarten unterhalb der Altstadt angelegt wurde. Um 1800 wurde er zu einem englischen Landschaftspark umgestaltet.

11 Von Braunfels nach Weilburg

4.45 Std.
17,7 km

Schlossbaukunst im Wandel der Zeiten

Der Weg zwischen den beiden baugeschichtlichen Höhepunkten führt Sie an stillen Waldseen vorbei auf aussichtsreiche Freiflächen mit Fernblicken zu den Burgruinen Philippstein und Freienfels. Zusätzliche Highlights bieten unterwegs der Weilburger Tierpark und die Kubacher Kristallhöhle. Das Barockschloss von Weilburg bildet einen stimmungsvollen Gegenpol zur mittelalterlich anmutenden Anlage von Braunfels.

Ausgangspunkt: Braunfels. Erreichbarkeit: mit Bus und Bahn ab Gießen.
Endpunkt: Weilburg. Erreichbarkeit: siehe Folgeetappe, Rückfahrt nach Braunfels: mit Bus und Bahn möglich.
Höhenunterschiede: Aufstieg: 290 m, Abstieg: 370 m.
Anforderungen: Leicht. Wenig anstrengende Wanderung, die zu einem großen Teil über schöne Wanderpfade führt.
Einkehr: Wildpark Weilburg.
Unterkunft: Braunfels: siehe vorherige Etappe. **Weilburg:** Hotel-Restaurant Lahnbahnhof, Bahnhofstraße 14, 35781 Weilburg, Tel. +49 6471 629440, E-Mail: info@hotel-lahn-bahnhof.de, hotel-lahnbahnhof.de; Hotel Weilburg Garni, Frankfurter Str. 27, 35781 Weilburg, Tel. +49 6471 91290, E-Mail: info@hotel-weilburg.de, hotel-weilburg.de.
Touristeninformation: **Braunfels:** Tourist-Information, Marktplatz 9, 35619 Braunfels, Tel. +49 6442 303820, E-Mail: touristinfo@braunfels.de, braunfels-erleben.de. **Weilburg:** siehe Folgeetappe.

Ein beliebter Treffpunkt: der Marktplatz von Braunfels.

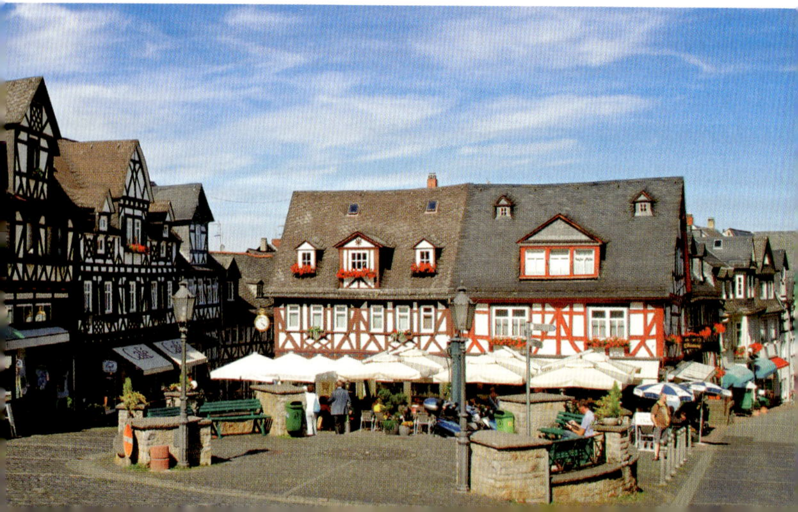

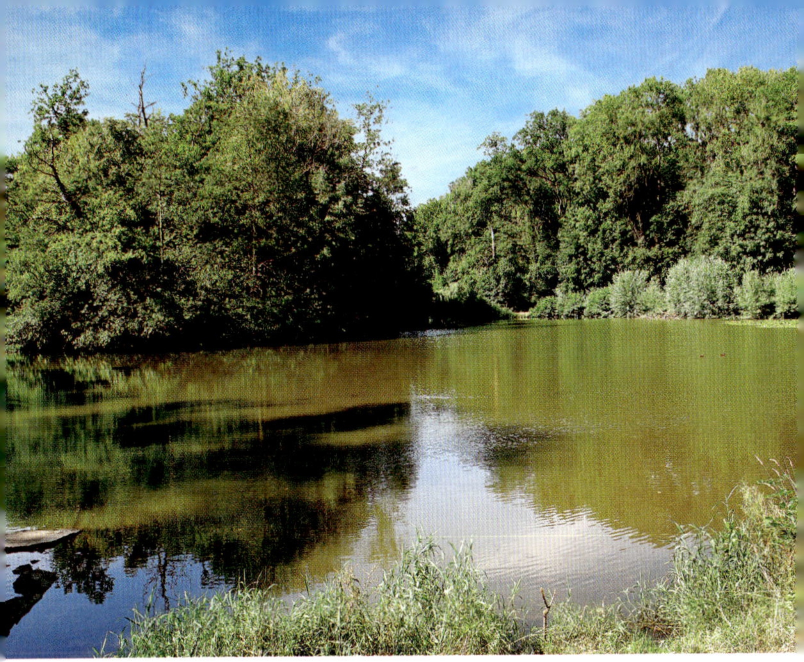

Sommer am Großen Weiher.

Am Marktplatz von **Braunfels (1)** beginnt die Etappe nach Weilburg. Wenden Sie sich vor dem Burgtor nach links, wo Sie die Gasse St. Georger Berg in den Park bringt. Nach 60 m zweigt der LW nach rechts ab und zieht sich unterhalb des Schlosses um den kegelförmigen Berg herum, wobei er die Kastanienallee kreuzend rasch an Höhe verliert und im Talgrund des Iserbachs die Landstraße quert. Schwenken Sie in die gegenüberliegende Straße zum Campingplatz ein. Rechter Hand führt vor der alten **Weihermühle (2)** ein Pfad zum Großen Weiher, der im Uhrzeigersinn teilweise umwandert wird.
Nachdem Sie den Weiher am anderen Ende verlassen haben, folgen Sie auf etwa einem halben Kilometer dem leicht ansteigenden Wanderweg neben der Tiefenbacher Straße. Spitzwinklig zweigt nun ein breiter Waldweg ab, der Sie nach einem Kilometer zum idyllisch gelegenen **Silbersee (3)** führt.
Am folgenden Wanderparkplatz führt der LW entlang einer Forststraße nach links. Wenn Sie etwas Zeit haben, sollten Sie dieser Forststraße etwa 500 m nach rechts folgen, um von der vorgelagerten Wiese aus einen herrlichen Blick auf Schloss Braunfels zu erhaschen.

Die reguläre LW-Führung spart diese prachtvolle Aussicht aus und nähert sich kurzzeitig der Landstraße L3451. Dafür ist aber immerhin über den Feldern kurz der Bergfried der Burgruine Philippstein zu bewundern. Am Waldsaum spreizt der LW dann rechter Hand ab und taucht in gerader Linie in den Wald ein. Sie befinden sich nun im Bereich der ehemaligen Eisenerzgrube Martha und des Bergwerks Florentine. Letzteres wurde 1858 erschlossen und 1949 endgültig stillgelegt.
Im Talgrund wendet sich der LW nach links und steigt nun sacht aber stetig auf einer Länge von 1,6 km zu einer offenen Hochfläche an. Zunächst geht man noch linksseitig am Waldrand entlang, hält sich am Teerweg kurz nach rechts und biegt gleich wieder links in den Wiesenweg ein. Zwischen den Feldern kreuzend strebt der LW einen Baum umstandenen, sichelförmigen Teich passierend zunächst Hirschhausen zu, um in Sichtweite oberhalb des Ortes links abzuknicken. Parallel zur Kreisstraße, aber doch in respektvollem Abstand dazu nähert sich der LW dem **Wildpark Weilburg (4)**.

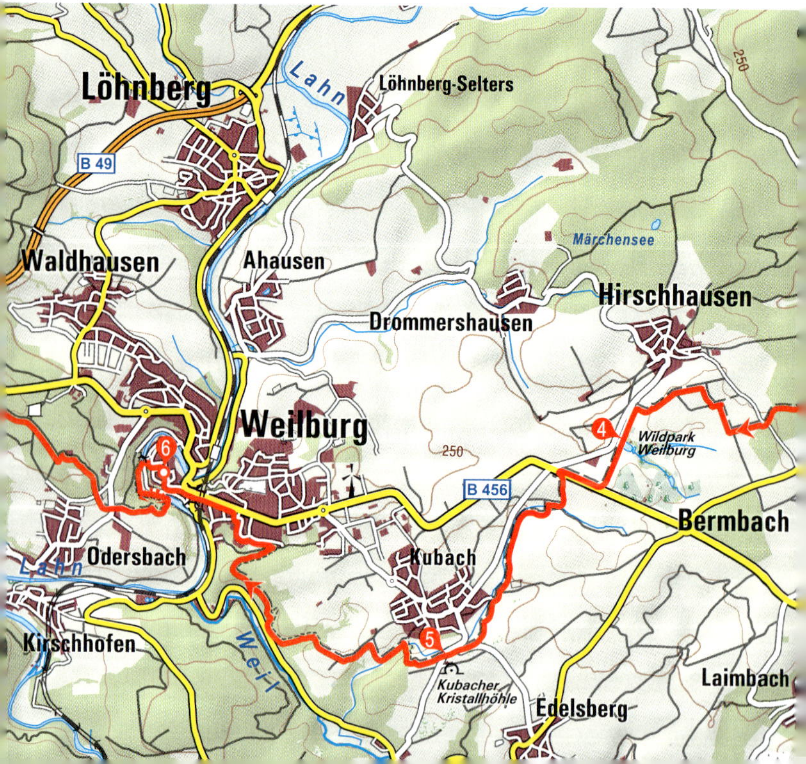

Wildpark Weilburg

Der Wildpark hat eine lange kulturhistorische Bedeutung, denn schon im 16. Jahrhundert hielt Graf Albrecht von Nassau und Saarbrücken hier Damwild. Heute sind in den Gehegen sogar heimische Waldtiere vergangener Zeiten zu bestaunen, wie beispielsweise Braunbären.

Vor dem Eingang befindet sich an einem schön gelegenen Weiher eine stimmungsvolle Einkehrmöglichkeit.

Am Ende des Parkplatzes folgen Sie dem Waldsaum im rechten Winkel um das Feld herum. Nachdem Sie die B 456 überquert haben und auf der anderen Seite wieder ein Stück daran entlang zurückgegangen sind, bringt Sie ein abfallender Waldweg in gerader Linie zu einem Wiesengrund. Hier wenden Sie sich zunächst nach rechts und folgen dem Waldrand. Bald schon wechseln Sie zur gegenüberliegenden Waldseite und nähern sich immer dem Waldsaum treu bleibend der K 423.

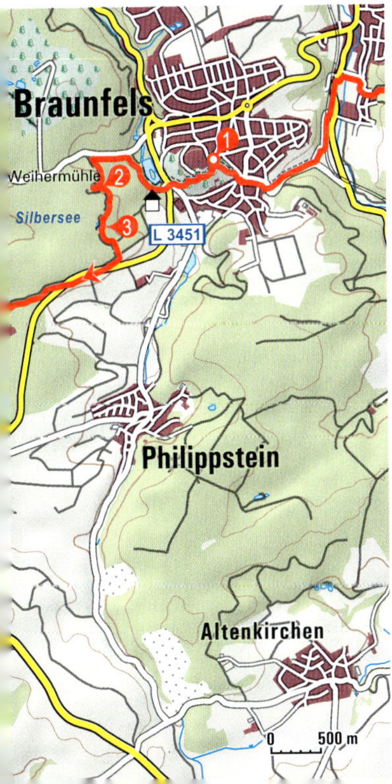

Vor Ihnen taucht Kubach auf, welches Sie in einem weiten Rechtsbogen umgehen. Im Bereich der K 422 treffen Sie mit einem kleinen Abstecher bergan auf die **Kubacher Kristallhöhle (5)**, neben dem Wildpark die nächste Attraktion entlang der heutigen Wegstrecke. Eine Besichtigung lohnt! Vielleicht kann man beide Erlebniswelten aber auch bei einer eigenen Ausflugsfahrt würdigen. Vom Weg vor dem Eingang hat man einen schönen Blick zur Burgruine Frelenfels.

Kubacher Kristallhöhle

In der bis zu 30 Meter hohen, einzigen Calcitkristallhöhle in Deutschland funkeln unzählige Kristalle, eingebettet in 350 Millionen Jahre alten Kalkstein. Das Kubacher Höhlensystem entstand während einer Eiszeit und konnte bisher nur zu einem kleinen Teil freigelegt werden.

Rechts neben den Feldern jenseits der Straße bewegt sich der LW auf den Wald zu, um rechter Hand dar-

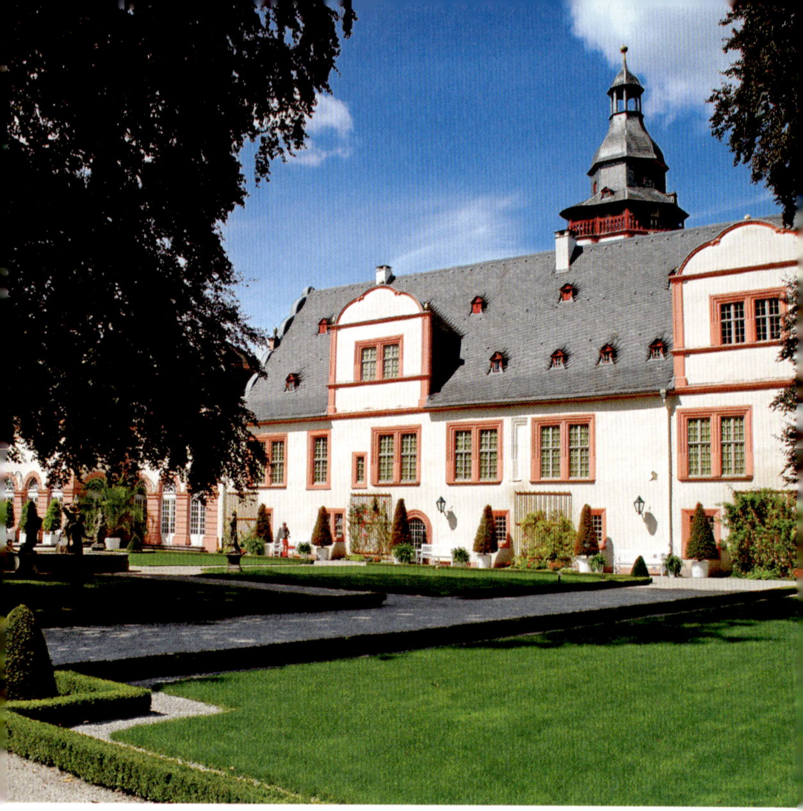

Obere Orangerie des Weilburger Schlosses.

an entlang schreitend und ihn schließlich kurz durchmessend noch einmal auf Kubach zu treffen. Kurz vor dem Ortsrand wendet sich der Weg spitzwinklig nach links, folgt auf 400 m einem stillen Wiesengrund und steigt

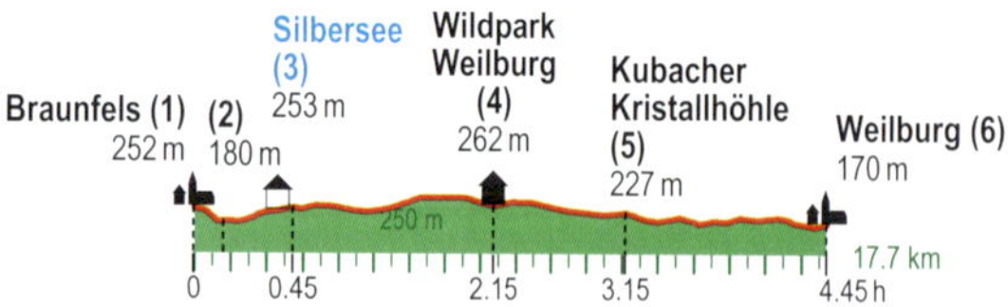

rechtwinklig rechts abzweigend zum Aussiedlerhof geringfügig an. Linker Hand abknickend und vor der frei stehenden Scheune den Weisenweg halb rechts einschlagend zieht der LW wälderwärts. Bestens ausgeschildert windet sich der LW im Wald den Ohmbach überquerend einem breiten Waldweg zu. Im Tal zu Ihrer Linken strebt die Weil der Lahn zu, während Sie nach etwa 1,5 km nach Ihrem Waldeintritt rechts abbiegend Richtung **Weilburg (6)** wandern. Sie erreichen Ihren Etappenort am Feuerbachweg, von wo aus Sie über Querverbindungen zur Frankfurter Straße gelangen, die Sie zum Schloss und in die Altstadt leitet.

i Weilburg

Die Einzigartigkeit Weilburgs ergibt sich allein schon aus der Lage, denn kein anderer Stadtkern am Lahnwanderweg wird vollständig von der Lahn umflossen. Während die kürzeste Distanz am Engpass der Landzunge keine 300 m beträgt, benötigt der Fluss knapp zwei Kilometer für seinen Weg um die erhöht liegende Oberstadt. Was der Lahn in Millionen von Jahren nicht gelang, realisierten die Weilburger 1847 unter Adolphus Herzog von Nassau, nämlich das Joch des Berges zu durchstoßen und für den Schiffsverkehr zu öffnen. Seither verkürzt ein einzigartiger Schiffstunnel den Wasserweg bei Weilburg. Hauptanliegen des Unternehmens war es die Anbindung der Lahn an den Rhein zu verbessern und somit die vielfältigen Rohstoffe des Lahntales, wie Holz, Eisenerz, Kalkstein, Marmor, Ton und Basalt komfortabel transportieren zu können. Bald jedoch war mit dem Bau der Eisenbahnlinie Koblenz – Gießen 1862 eine weitaus effektivere Möglichkeit geschaffen worden, sodass die wirtschaftliche Bedeutung des Tunnels verlorenging. Nichtsdestotrotz handelt es sich um ein Meisterwerk der Baukunst, welches heute zahlreiche Lahnpaddler begeistert.

Oberirdisch beeindruckt vor allem die barocke Schlossanlage, welche über eine Strecke von fast 400 Metern die östliche Hälfte des Bergrückens einnimmt. Ausgehend vom vierflügeligen zwischen 1533 und 1572 im Stil der Renaissance erbauten Hochschloss ist es dem von Graf Johann Ernst (1664 – 1719) verpflichteten Architekten Julius Ludwig Rothweil gelungen, diesen beeindruckenden Gesamtkomplex zu schaffen. Besondere Beachtung verdienen dabei die barocken Orangerien und Gartenräume. Hauptbestandteil der Anlage ist ein dreiterrassiger barocker Schlossgarten, der Anfang des 18. Jahrhunderts nach Plänen des Hofgärtners Francois Lemaire entstand. Die ehemalige Residenzstadt hat bis heute nichts von ihrem Charme verloren.

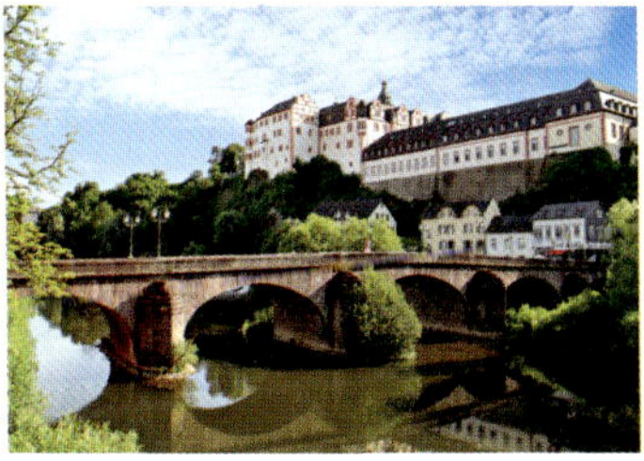

Lahnbrücke vor dem Schlossberg.

12 Von Weilburg nach Aumenau

5.15 Std.
19,8 km

Von der Stille des Hinterlandes

Nach einem letzten Traumblick auf die alte Residenzstadt Weilburg schließt sich die Natur um den einsamen Wanderer. Dichte Wälder, weite Wiesen und Weideflächen prägen das Bild des ländlichen Hinterlandes. Oberhalb der sich idyllisch in die sanften Talmulden schmiegenden Dörfer genießt man weite Blicke, die bei guter Sicht bis zum Großen Feldberg im Taunus reichen. Besonders schön ist das letzte Teilstück, welches Sie durch die Lahnauen vor Aumenau führt.

Ausgangspunkt: Weilburg. Erreichbarkeit: per Bahn ab Limburg oder Gießen.
Endpunkt: Aumenau. Erreichbarkeit: siehe Folgeetappe, Rückfahrt nach Weilburg: per Bus oder Bahn möglich.
Höhenunterschiede: Aufstieg: 400 m, Abstieg: 450 m.
Anforderungen: Leicht. Naturnahe Wege geleiten sachte durch Wald und Feld. Am Anfang ergibt sich vom Lahnufer aus ein kräftiger Anstieg.
Einkehr: Keine, ausreichend Proviant mitnehmen!
Unterkunft: **Weilburg:** siehe vorherige Etappe. **Aumenau:** Derzeit keine Übernachtungsmöglichkeit, Bahnfahrt zurück nach Weilburg oder Richtung Limburg möglich.
Touristeninformation: **Weilburg:** Tourist-Information Weilburg, Marktplatz 3, 35781 Weilburg, Tel. +49 6471 31467, E-Mail: tourist-info@weilburg.de, weilburg.de. **Aumenau:** siehe Folgeetappe.

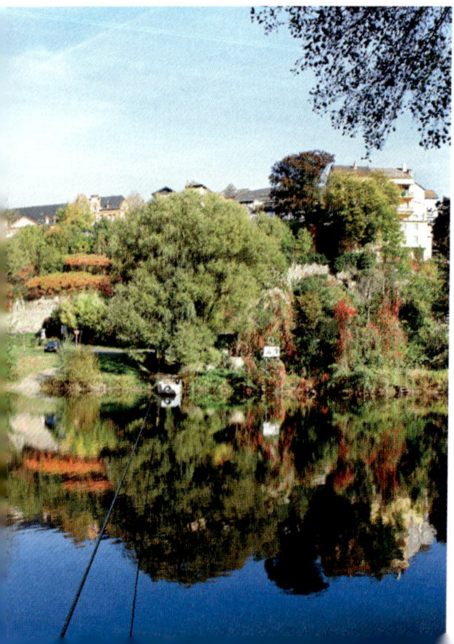

Die stille Etappe, die Sie in das von Wiesen, Feldern und Wäldern geprägte Hinterland der Lahn führt, beginnt in der Altstadt von **Weilburg (1)**. Vom Marktplatz vor der Schlosskirche aus folgen Sie der Langgasse kurz nach rechts, um an der Neugasse links abzubiegen. Am Ende der Neugasse stürzt sich vis-à-vis ein Gehweg durch die Hangbüsche zum Lahnufer hinab. Unten queren Sie den Fluss auf dem historisch anmutenden **Ernst-Dienstbach-Steg** und wenden sich am gegenüberliegenden Ufer nach links, wo Sie ein schmaler Pfad zur Anle-

Ein Relikt aus einer anderen Zeit: Das Rollschiff von Weilburg.

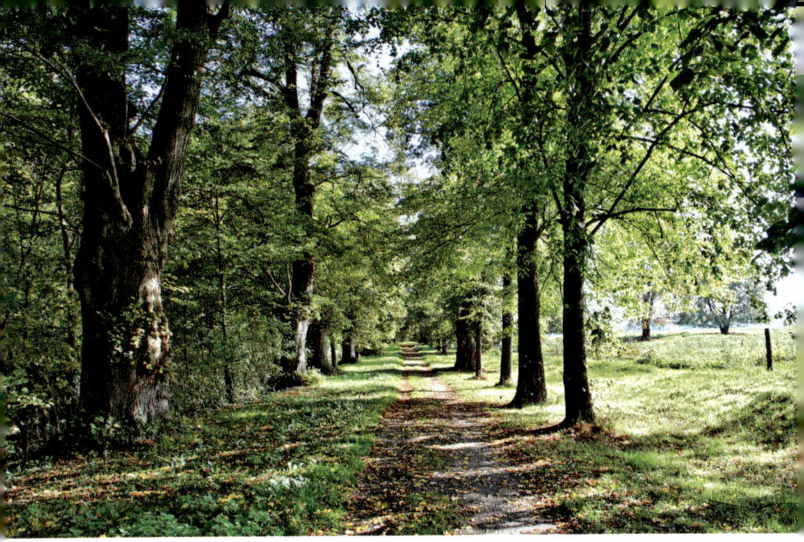

Alter Baumbestand in der Lindenallee von 1710.

gestelle des Rollschiffs geleitet. Die an einem Drahtseil über Rollen geführte Fähre verkehrt von April bis Anfang Oktober – und das seit 1691. Ein Stück weiter bietet sich ein schöner Blick über das zweite Weilburger Wehr. Während sich die untere Ausfahrt des berühmten Weilburger Schiffstunnels etwa 300 m lahnabwärts befindet, schnellt der LW spitzwinklig abzweigend im Steilanstieg bergan. Oben erwartet den Wanderer ein Pavillon mit einer herrlichen Aussicht auf die Weilburger Oberstadt mit der Schlosskirche als kegelartigem Blickfang. Entlang der Felder durchschreitet man nun eine der ältesten Lindenalleen Deutschlands, die um 1710 von Graf Johann Ernst angelegt wurde. Während an manchen Stellen Neupflanzungen notwendig waren, haben sich einige eindrucksvolle Exemplare aufrecht gehalten und dabei wigwamartige Hohlräume gebildet.
Hinter der kreuzenden Landstraße durchmisst der LW im rechten Winkel die Ackerbauflächen vor Odersbach, um oberhalb in einen stimmungsvollen Mischwald einzutauchen. Der Weg steigt bis zur Schutzhütte am Steinbühl

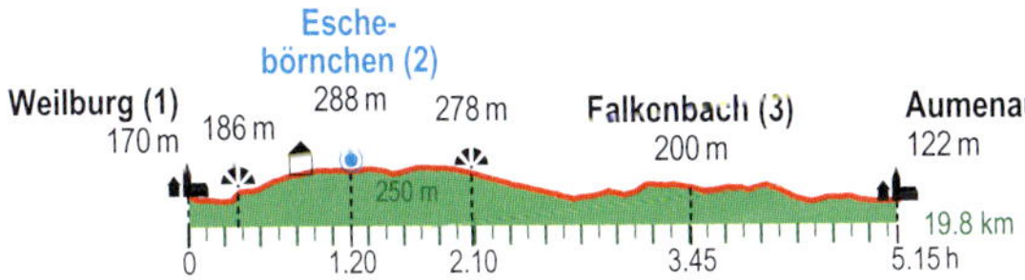

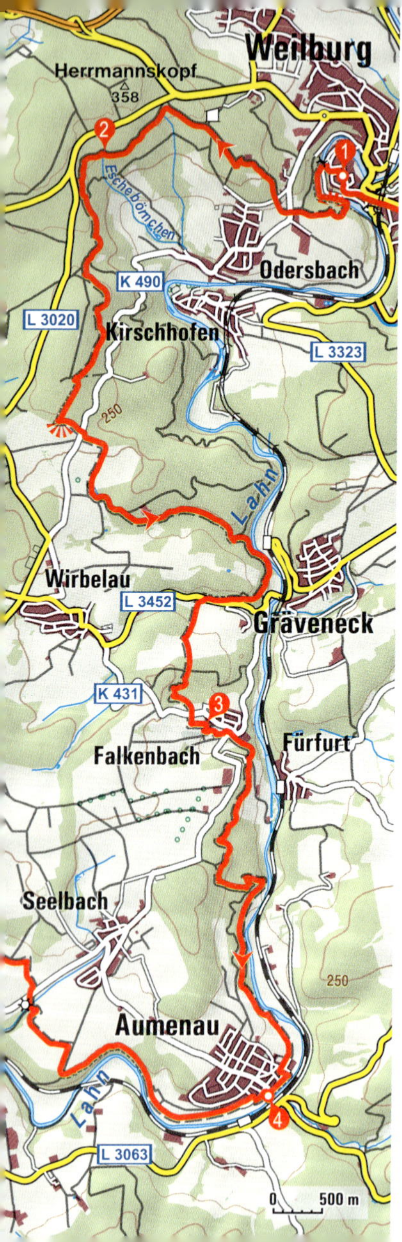

erneut kräftig an. Nach weiteren 1,4 Kilometern passiert man am **Eschebörnchen (2)** einen Brunnen und trifft wenig später auf die Landstraße L3020, deren Verlauf man für 130 m nach links folgt. Ein breiter Waldweg führt danach linker Hand von der Straße weg. Nach nur 70 m halten Sie sich am Abzweig rechts. Bestens geführt schlängelt sich der LW im mäßigen Auf und Ab und unter gelegentlichem Wechsel der Wegbeschaffenheit auf den nächsten knapp 3 km durch den hügeligen Höhenwald. Beim Verlassen des Waldes erwartet Sie vor den weitläufigen Feldern ein beeindruckendes Aussichtspanorama. Am Horizont erkennt man die Taunusberge mit ihren funkturmbekrönten Gipfeln. Rechter Hand dem Waldsaum folgend und schließlich zwischen den Feldern südwärts strebend verliert man zunehmend an Höhe. An einem sumpfigen Feuchtgebiet taucht man den kreuzenden Schotterweg nach links nehmend wieder in den Wald ein und nähert sich der träge durch die Landschaft mäandernden Lahn. Doch noch einmal wird der LW auf dieser Etappe seinem Fluss untreu und zieht im Wald ansteigend in ein Seitental. Im Grund wird die Landstraße L3452 und ein schwacher Bachlauf überquert, bevor an der anderen Talflanke am Waldrand der Gegenanstieg in Angriff genommen wird. Der Aufwärtstrend setzt sich zwischen den Feldern geradeaus fort. Auf der Höhe durchquert man ein Waldstück, in dem abermals ein schwacher Taleinschnitt umgangen wird.

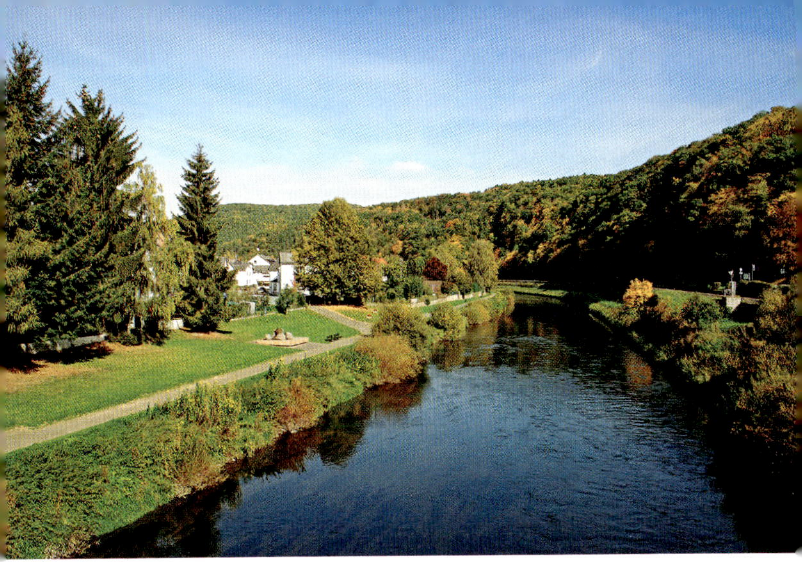

Die Lahn bei Aumenau.

Beim Waldaustritt befindet man sich im Bereich des Ortes **Falkenbach (3)**, der in Ermangelung einer Einkehrmöglichkeit im zackigen Linksbogen umgangen wird. An der Straße halten Sie sich kurz links und biegen anschließend rechts auf den Teerweg zur Schleuse ein. Nach knapp 300 m zweigt der LW rechts ab, umläuft die kleine Siedlung und gewinnt im Wald noch einmal an Höhe. Im Zenit wird ein Sträßchen erreicht, dem man für 300 m folgt, bevor sich der LW linker Hand abfallend, einen letzten Schlenker nach rechts wagend, den Lahnauen verschreibt. In unmittelbarer Nachbarschaft des Flusses nähert man sich schließlich teilweise im lichten Hangwald, teilweise in offenen Auen dem Etappenort **Aumenau (4)** mit seinen gepflegten Lahnanlagen. Die Bahn, die Sie zu Ihrem Hotel bringt, hält auf der anderen Lahnseite.

***i* Aumenau**

Der etwa 1500 Einwohner zählende Ort besticht vor allem durch einen schön gestalteten Uferbereich. Von den vielen Bänken aus kann man seine Gedanken von der beschaulich dahin fließenden Lahn treiben lassen oder Schwäne, Enten und Fischreiher bei ihrem Tagwerk beobachten. Sehenswerte Bauwerke sind die Kirchen des Ortes, die 1903 bzw. 1954 erbaut, die traditionellen Baustile Gotik und Romantik in nüchterner Reinform verkörpern.

Aumenau ist ein Ortsteil des Marktfleckens Villmar.

13 Von Aumenau nach Limburg

6.00 Std.
24,8 km

Zwischen weltlicher Herrschaft und kirchlicher Pracht

Langsam nähert man sich durch reizvolle Lahnauen und aussichtsreiche Höhenlagen den Höhepunkten des Tages, der mächtigen Burg Runkel oberhalb der historischen Steinbrücke und dem vieltürmigen Dom oberhalb der Limburger Altstadtgassen. Vor Runkel faszinieren ein romantischer Aussichtspunkt zu einem Denkmal auf der anderen Flussseite und das ehemals mit Rebenstöcken bepflockte Naturschutzgebiet Wehrley.

Ausgangspunkt: Aumenau. Erreichbarkeit: per Bahn ab Limburg oder Gießen.
Endpunkt: Limburg. Erreichbarkeit: siehe Folgeetappe, Rückfahrt nach Aumenau: per Bus oder Bahn möglich.
Höhenunterschiede: Aufstieg: 310 m, Abstieg: 300 m.
Anforderungen: Mittel. Weite aber wenig beschwerliche Etappe mit kleineren Auf- und Abstiegen.
Einkehr: Runkel, Eschhofen.
Unterkunft: **Aumenau:** siehe vorherige Etappe. **Limburg:** Hotel Nassauer Hof, Brückengasse 1, 65549 Limburg, Tel. +49 6431 996-0, E-Mail: post@hotel-nassauerhof-limburg.de, hotel-nassauerhof-limburg.de; Hotel Huss, Bahnhofsplatz 3, 65549 Limburg, Tel. +49 6431 93350, E-Mail: Info@hotel-huss.de, hotel-huss.de.
Touristeninformation: Tourist-Information Weilburg, Marktplatz 3, 35781 Weilburg, Tel. +49 6471 31467, E-Mail: tourist-info@weilburg.de, weilburg.de. **Limburg:** siehe Folgeetappe.

Nach der Ankunft in Aumenau mit der Bahn startet eine lange, aber überaus interessante Etappe, bei der man in Villmar eine Zwischenübernachtung einschieben kann. Ein LW-Zuweg (WP 4) führt in den auf der gegenüberliegenden Lahnseite befindlichen Ort. Von **Aumenau (1)** aus folgt der Weg dem Verlauf der Lahn rechtsseitig durch stille Flussauen. Insgesamt ist der Fluss hier noch sanft in die Landschaft eingebettet. Die Höhe der Prallhänge ist moderat, sodass der nach 1,5 km einsetzende Anstieg im Hangwald sanft ausfällt. Auf dem kreuzenden Asphaltweg kehrt man der Lahn zunächst den Rücken und strebt der offenen Hochfläche zu, wo man sich zwischen den Feldern links hält und an der alten **Heimannsmühle (2)** den Taleinschnitt des Seelbachs quert. An der Kreisstraße halten Sie sich kurz rechts und schlagen anschließend den Weg durch die Felder nach links ein. Beim Waldstück zu Ihrer Rechten biegen Sie erneut links ab und umgehen den unterhalb in Sichtweite geratenen Ort Arfurt im weiten Linksbogen. Dabei passiert der LW im Bereich der Kuppe des **Steimelskopfes (3)**, 242 m, eine aussichtsreiche Höhe, die weite Blicke Richtung Taunus erlaubt. Vor dem nächsten Waldstück, das Sie nach etwa 600 m erreichen, biegen Sie rechts ab und dringen wenig später links ins Gehölz ein. Entlang des Tiefenbachs zieht der Weg nordwärts, wo eine Brücke zur gegenüberliegenden Talseite führt. Wieder talauswärts wandernd und nach einem guten halben Kilometer recht-

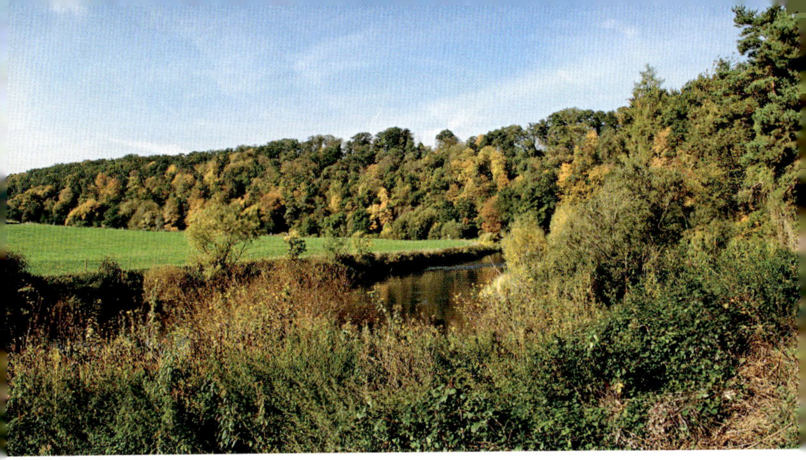

Herbstliche Stimmung in den Lahnauen.

winklig rechts abbiegend verlässt der LW den Wald. Erneut ergeben sich eindrucksvolle Weitblicke, bevor der Weg Richtung Lahn abwärts schwenkend einen Reiterhof durchmisst. Am oberen Saum des Hangwaldes trifft der Weg auf zwei Abzweige nach Villmar. Während der erste Abzweig auf schmalem Pfad steil bergab führt, streift der zweite, südlichere **Abzweig (4)** das Gelände des Marmorsteinbruchs Unica. Auch ein neues Museum zum Thema Lahnmarmor ist entstanden. Der LW-Zuweg führt mit gelber Markierung in den Ort.

i Lahnmarmor

Die Gegend um Villmar gilt wegen des hier vorkommenden farbintensiven und hochgradig polierfähigen Kalksteins als Zentrum des Lahnmarmors. Die Entstehung dieses Gesteins führt ins Devonzeitalter vor etwa 380 Millionen Jahren zurück, als große Teile Deutschlands von einem warmen Meer bedeckt waren. Die charakteristische Farbgebung verdankt der Lahnmarmor vulkanischen Aktivitäten, die eisenhaltiges Wasser in den sich bildenden Kalkstein einfließen ließ, wodurch sich rote, braune und gelbe Maserungen ausbildeten.

Im Natur- und Kulturdenkmal Unica-Bruch kann man eine Zeitreise unternehmen und 380 Mio. Jahre zurückblicken, als marine tropische Korallen und Schwammriffe die geologische Grundlage für ein Material bildeten, das im letzten Jahrhundert Weltruhm erlangte und weltweit verbaut wurde; beispielsweise im Kaiserlichen Treppenhaus des Berliner Doms oder im Empire State Building. Als eindrucksvolles Bauwerk aus hiesigem Marmor kann vor Ort die alte Lahnbrücke in Augenschein genommen werden, die bei Villmar die Uferseiten verbindet.

Wer sich dem Marmor durch einen gesonderten Besuch in Villmar widmen möchte, setzt die heutige Etappe Richtung Runkel fort. Die LW-Markierung führt Sie dabei zu einem besonders eindrucksvollen Aussichtsplatz oberhalb der Lahn. Auf dem Felsen am jenseitigen Ufer befindet sich ein Denkmal des Königs Konrad I. (911–918), der als erster deutscher König angesehen wird. Die Statue wurde nicht – wie man vermuten würde – aus Lahnmarmor geschlagen, sondern aus belgischem Sandstein. Immerhin besteht der Sockel aus Marmor. Am Rand der Hochfläche oberhalb der Lahn setzt sich der Weg fort, bevor er auf einem schmalen Pfad durch die Wehrley leitet, den ehemaligen, lange schon verbuschten Weinhängen Runkels. Vom Dr.-Otto-Bruchhäuser-Tempel, einem aussichtsreichen Rastpavillon ist die mächtige Burg nur zu erahnen. Nur wenige Meter danach türmt sie sich jedoch zu ihrer alles beherrschenden architektonischen Dominanz auf. Ihren Höhepunkt erreicht die Szenerie an der alten Lahnbrücke von **Runkel (5)**, wo sich Burg und Brücke als steinerne Bollwerke gegen Feinde und Fluten präsentieren.

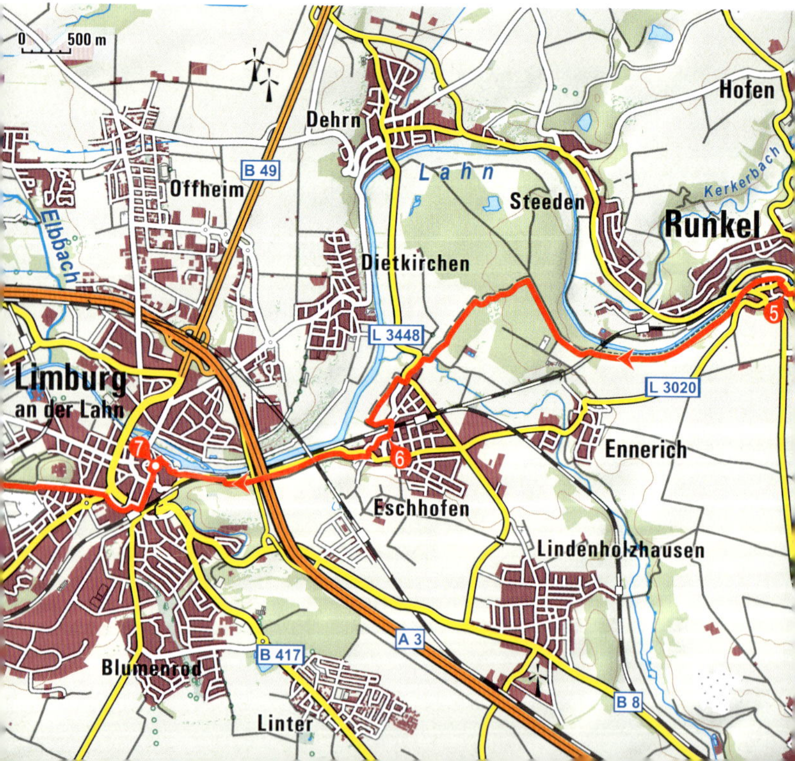

Runkel

Runkel verfügt möglicherweise über die malerischste Kulisse unter den Lahnorten. Die historische Brücke von 1448 ist eine der ältesten an der Lahn, die in ihrem alten Zustand erhalten ist. Gestaffelt erheben sich dahinter die das Flussufer säumenden Häuser der Altstadt und natürlich die mittelalterliche Burg, die erstmalig im Jahre 1159 erwähnt wurde und noch heute das Stadtbild von Runkel bestimmt. Mit ihren mächtigen Türmen setzt Burg Runkel auf senkrecht abfallendem Felsen gelegen einen wehrhaften Gegenpol zum lieblichen Lahntal. Innerhalb der abweisenden Mauern kann u. a. der Ahnensaal mit originalen Möbeln und Gemälden besichtigt werden. Im alten Gewölbe wurde jahrhundertelang der »Runkeler Rote« gekeltert. Getrennt durch die Lahn erhebt sich auf gegenüberliegendem Hang die 1288 erstmals erwähnte Burg Schadeck. Sie wurde nach einem Familienstreit zwischen Heinrich und Siegfried von Runkel durch Letzteren als Trutzburg errichtet. 1376 entstanden die Schlossbauten neben der Burg.

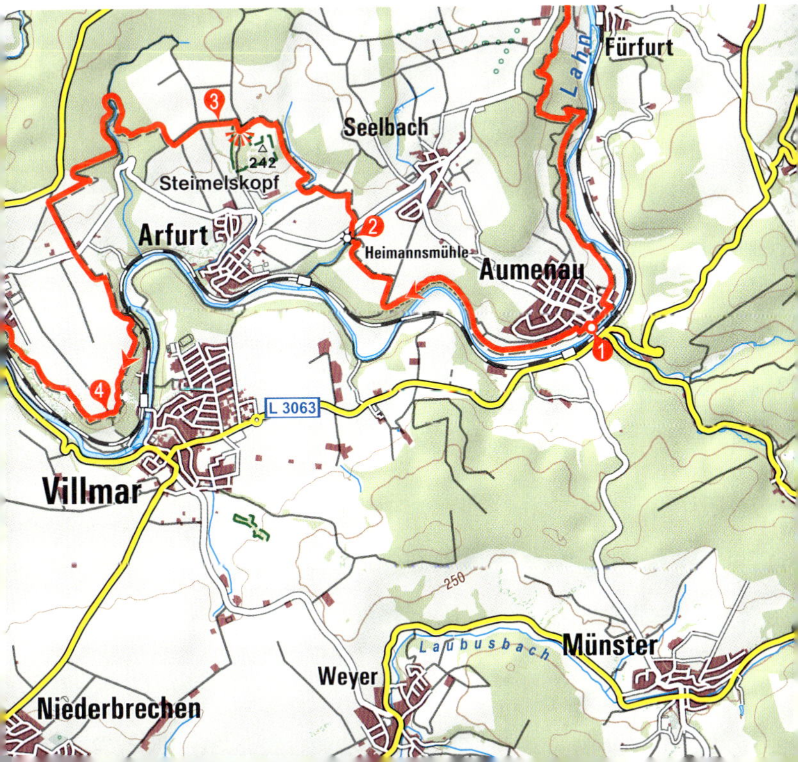

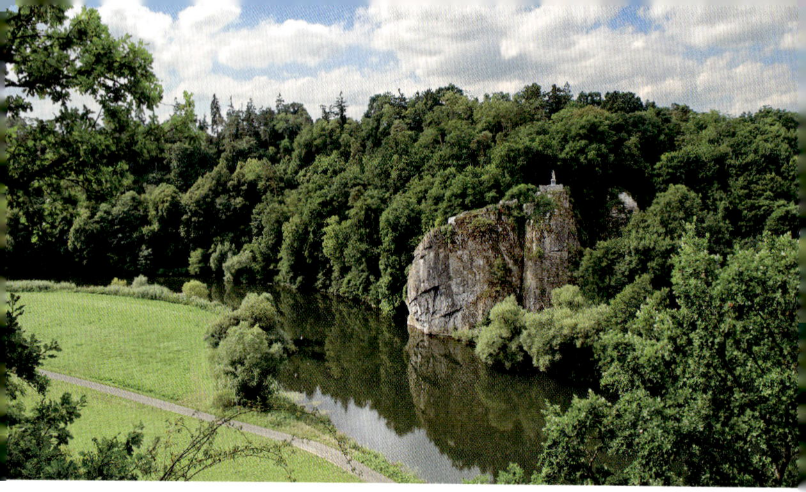

Blick zum König-Konrad-Denkmal.

Am burgseitigen Ufer der Lahn umzirkelt der LW den Ort, um dem Flussverlauf ummittelbar folgend im Hangwald sachte anzusteigen. Auf der Höhe erinnert ein schmuckloses Denkmal an 250 gefallene Kämpfer des Blücherheeres, die an dieser Stelle 1813 ihre letzte Ruhestätte fanden. Sie hatten hier 1796 eine Schanze errichtet.
Am Ende der Ackerbaufläche steigt der Weg im Wald noch einmal leicht an, bevor er links abzweigend nach etwa 600 m die offene Landschaft erreicht und Blicke auf die romanische St.-Lubentius-Basilika von Dietkirchen freigibt. Auf dem exponierten Kalkfelsen über der Lahn wurde erstmals im Jahre 580 eine erste hölzerne Kirche errichtet. Der heutige Bau wurde vor dem ersten Jahrtausend begonnen und in den 30er-Jahren des 13. Jahrhunderts vollendet. Begleitet vom anmutigen Anblick des Gotteshauses erreicht der Weg **Eschhofen (6)**, dessen Lahnauen er milde durchschreitet, bevor es auf dem letzten Etappenstück nach Limburg verkehrstechnisch deutlich lebhafter wird. Schnellstraßen, Eisenbahnlinien und eine hohe Autobahnbrücke bestimmen das Bild, bevor sich am Lahnufer im Angesicht der Altstadt und des Doms eine gewisse Anmut einstellt. Sie sind in **Limburg (7)**!

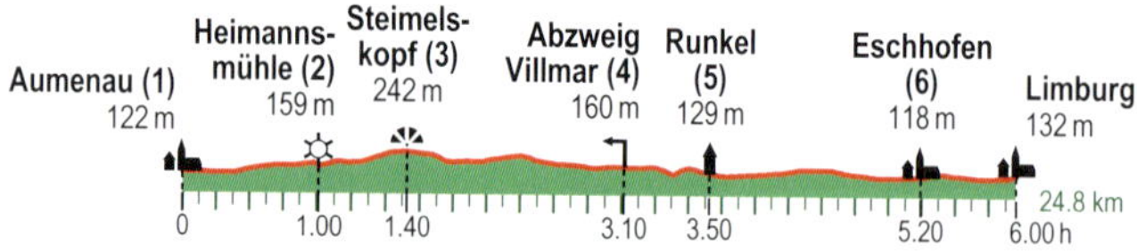

Limburg

Herausragender Höhepunkt des knapp 35.000 Einwohner zählenden Limburgs ist selbstverständlich der über Fluss und Altstadt thronende spätromanische Dom. Auf Veranlassung des Grafen Heinrich von Nassau wurde 1206 mit dem Bau begonnen, der die ältere Stiftskirche ersetzen sollte. 1235 weihte der Trierer Erzbischof das noch nicht ganz vollendete Gotteshaus. Während andere – teilweise nicht abgeschlossene – Großkirchenprojekte im Lahngebiet in dieser Zeit bereits frühgotischen Plänen folgten, verkörpert der Limburger Dom mit seiner Doppelturmfassade, den Langhausemporen, Zwerggalerie und den Rautendächern der Türme noch das alte rheinische Formengut. Gleichzeitig verweisen die symbolische Siebenzahl der Türme, die Strebebogenkonstruktion, der Chorumgang und der viergeschossige Wandaufriss auf frühgotische Einflüsse.

Die heutige Farbgebung entspricht wieder der ursprünglichen des Mittelalters, nachdem der Dom jahrhundertelang ein mausgraues Dasein fristete. Seit der Gründung des Bistums Limburg 1827 ist der Dom Kathedralkirche.

Neben dem Dom besticht Limburg aber vor allem durch seine fast vollständig erhaltene Altstadt. Das gesamte Ensemble der mittelalterlichen Bebauung zwischen St.-Georg-Dom, Grabenstraße und der alten Lahnbrücke von 1315 steht unter Denkmalschutz. Es umfasst zahlreiche Fachwerkbauten, die zwischen dem 13. und 18. Jahrhundert entstanden sind, darunter Burgmannenhöfe, Stiftsherrenhäuser oder Wohnhäuser wohlhabender Patrizier, teilweise mit sehenswerten figürlichen Schnitzereien. Dazu gehören neben vielen anderen auch die Balkenköpfe an einem Haus in der Brückengasse, welche die sieben Laster verkörpern. Eines der ältesten Fachwerkhäuser Deutschlands aus dem Jahr 1296 befindet sich am Römer 1.

Besuchenswert sind zudem die weiteren Kirchen der Stadt. Während die von außen eher schlichte Stadtkirche über aufwendigere Verzierungen im Innern verfügt, die im Zuge einer Barockisierung im Jahre 1742 entstanden, können am östlichen Chorfenster der St.-Anna-Kirche Glasmalereien aus dem 14. Jahrhundert bestaunt werden.

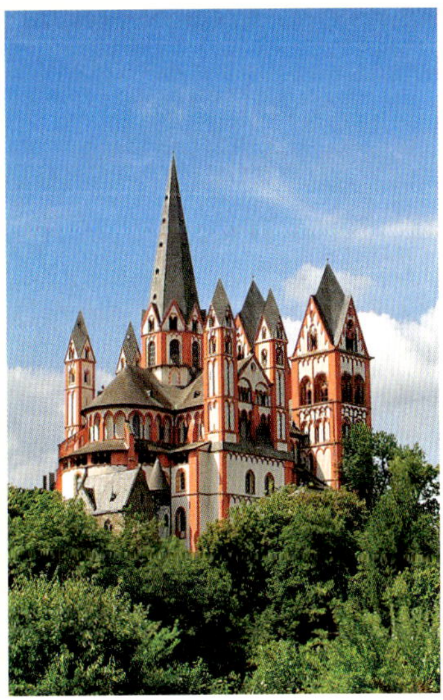

Limburgs weltbekanntes Wahrzeichen.

14 Von Limburg nach Balduinstein

3.45 Std.
14,2 km

Schlösser, Abgründe und ein Bilderbuchdorf mit Burg

Nachdem man dem Bannkreis der Dommetropole in der stillen Diersteiner Aue allmählich entkommt, lauert jenseits des Berges mit Diez auch schon das erste Highlight des Tages. Enge Gassen, ein repräsentativer Markt, ein stattliches Schloss und eine schöne Lahnpromenade laden zum Verweilen ein. Spätestens hinter der bekannten Mineralwasserstadt Fachingen taucht man ein in eine überwältigende Natur mit abgrundtiefen Lahnblicken. Am Ende wartet mit Balduinstein noch ein ganz besonderes Dorf.

Ausgangspunkt: Limburg. Erreichbarkeit: gute Bahnanbindung.
Endpunkt: Balduinstein. Erreichbarkeit: siehe Folgeetappe, Rückfahrt nach Limburg: per Zug möglich.
Höhenunterschiede: Aufstieg: 290 m, Abstieg: 320 m.
Anforderungen: Leicht. Nach einem gemächlichen Auszug aus Limburg erwarten Sie im Verlauf der Wanderung einige kräftige Anstiege, teilweise auf schmalen Pfaden.
Einkehr: Diez.

Unterkunft: **Limburg:** siehe vorherige Etappe. **Balduinstein:** Landhotel zum Bären, Bahnhofstraße 24, 65558 Balduinstein, Tel. +49 6432 800780, E-Mail: info@landhotel-zum-baeren.de, landhotel-zum-baeren.de; Hotel Balduin, Bahnhofstraße 28–30, 65558 Balduinstein, Tel. +49 175 5585030.
Touristeninformation: **Limburg:** Tourist Information, Barfüßerstraße 6, 65549 Limburg a. d. Lahn, Tel. +49 6431 6166, E-Mail: touristinfo@stadt.limburg.de, limburg.de. **Balduinstein:** siehe Folgeetappe.

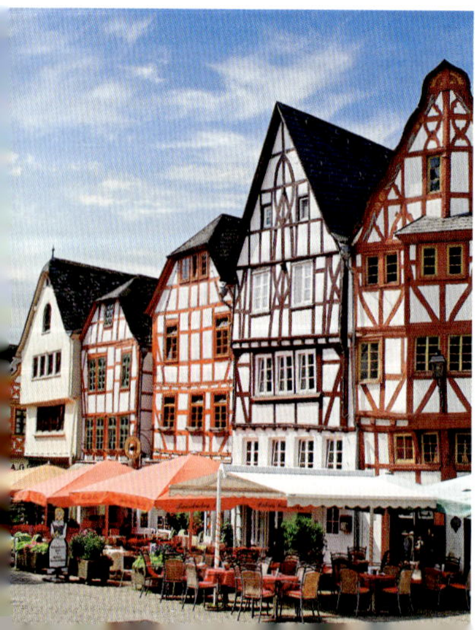

Die relativ kurze Etappe ermöglicht es Ihnen die morgendlichen Stunden des Tages für eine Entdeckungstour durch **Limburg (1)** zu nutzen. Danach verlassen Sie die alte Bischofsstadt vom Bahnhofsplatz aus über die Weierstein-, Park- und Albrechtstraße, an deren Ende Sie am großen Schulgebäude in ein Waldstück eintauchen. Nach ca. 500 m mündet der Weg in die Felder und kreuzt eine Bahnlinie. Das Asphaltsträßchen, dem Sie geradeaus folgen, mutiert zu einem Wiesenweg. Rechtwinklig nach links

Traumhafte Fachwerkfassaden in der Altstadt von Limburg.

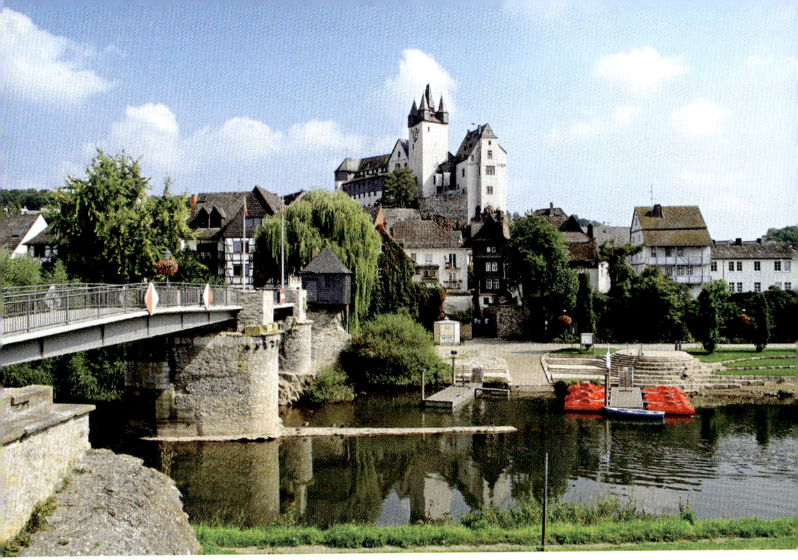

Diez mit seinem prächtigen Grafenschloss.

abbiegend passieren Sie einen Aussiedlerhof. Vor einem weiteren Gehöft wenden Sie sich nach rechts und auf dem Wirtschaftsweg wieder nach links. Die Lahn schlängelt sich zumeist nur wenige 100 m von Ihnen entfernt träge durch den topfebenen Wiesengrund der Diersteiner Aue. Einen guten Kilometer flussabwärts liegt das Schloss Oranienstein, woran der LW aber nicht vorbeiführt. Ab 1684 auf den Ruinen des Benediktinerinnenklosters Dierstein errichtet wurde die Anlage unter Henriette Amalie von Nassau-Diez zu einem Barockschloss ausgebaut. Das heute von der Bundeswehr genutzte Anwesen kann im Rahmen von Führungen besichtigt werden. Der LW kreuzt hingegen weiter die stille Felderlandschaft und strebt am zweiten Abzweig nach rechts auf den bewaldeten Hügel zu. Mit eine Spitzkehre beginnt der Anstieg, der sich im Wald fortsetzt. Vom bastionsartigen Aussichtspunkt Teufelskanzel bietet sich nochmals eine Rückschau über einen Teilausschnitt der bisherigen Etappe. Aufstrebend und vom Zaun der angrenzenden Kaserne bedrängt, durchschneidet der Weg nach einem kleinen Rechtsbogen in gerader Linie den Forst und erreicht auf der Höhe einen weitläufigen Kinderspielplatz (Rastgelegenheit).

Wenig später verlässt der LW den Wald und geleitet über die Schlossberg-Straße zum imposanten Grafenschloss und anschließend in die sehenswerte Altstadt von **Diez (2)**. Ein Abstecher zur Lahnpromenade ist ebenso zu empfehlen wie eine Einkehr in einem der zahlreichen Gasthäuser.

Diez

Die mehr als 10.000 Einwohner zählende Stadt an der Aar-Mündung in die Lahn zieht den Besucher durch das hoch aufragende, weiß getünchte Grafenschloss in seinen Bann. Auf einem Porphyrfelsen oberhalb der Altstadt gelegen verdeutlicht der Bau, dessen älteste Teile auf das 11. Jahrhundert zurückgehen, die einstige Bedeutung der Grafschaft. Unterhalb des Schlosses befindet sich die 1289 von Graf Gerhard erbaute Stiftskirche. Sie war Sitz eines Chorherrenstifts. Rund um die sehenswerte Altstadt mit ihren verwinkelten Gassen, Fachwerkhäusern und dem repräsentativen Marktplatz sind Teile der Stadtmauer und eines der Stadttore aus dem 14./15. Jahrhundert erhalten. Die kanalisierte Aar und die Lahnpromenade tragen zum besonderen Flair des Ortes bei. Außerhalb des Stadtkerns liegt das bereits erwähnte Schloss Oranienstein.

Dort, wo die leider mitten durch den schmucken Ort führende Bundesstraße 417 über die »Diezer Gracht« (Aar) führt, entschwindet der LW geradezu fluchtartig über Treppen und einen anschließenden happigen Aufstieg durch

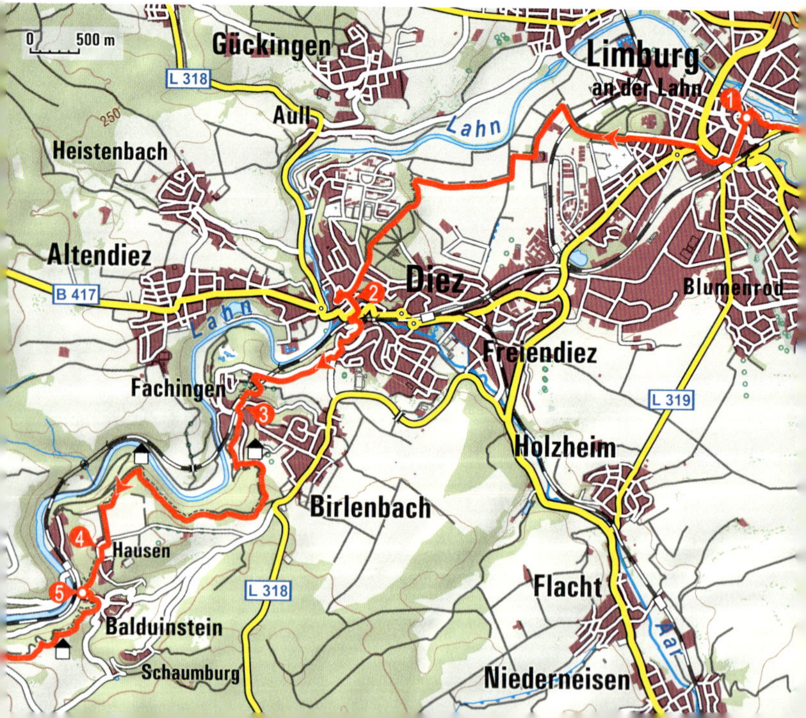

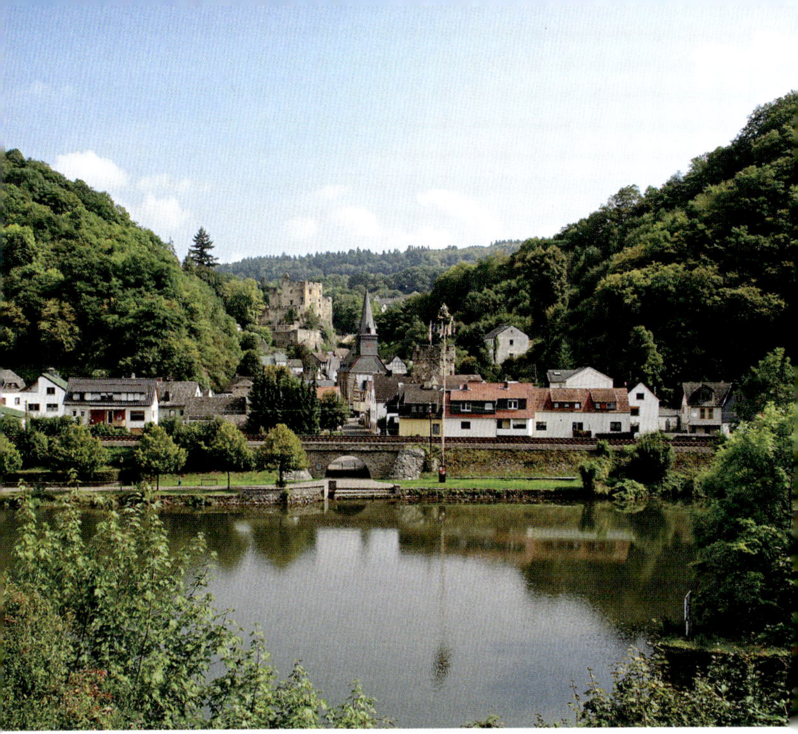

Blick auf Balduinstein von der gegenüberliegenden Lahnseite.

ein Wohngebiet. Unspektakulär und zunächst auch ohne die erhofften Ausblicke zieht sich der Weg oben im Waldbereich des dichten Hangwaldes dahin. Vor dem Friedhof weist die Markierung nach links und leitet auf der anderen Seite des großen Ackers den Abstieg nach **Fachingen (3)** ein. Ein Aussichtspavillon gewährt einen guten Überblick über die Stadt, deren Name ein Pseudonym für Mineralwasser wurde. Seit 1742 wird das an Hydrogencarbonat reiche Nass hier abgefüllt. Nachweislich unterstützt es den Säure-Basen-Haushalt im menschlichen Körper, indem es überschüssige Säuren aktiv bindet. Es wird also nicht schaden, ein Fläschchen in seinem Rucksack mitzuführen, wenn man dem Ort zunächst rechts, bald links der Bahngleise und schließlich dem Lahnverlauf folgend den Rücken kehrt. Am Waldeintritt beginnt der Aufstieg mit einer Kehrtwende am alten Stollenzugang, um ab dem Wanderparkplatz über Serpentinen eine stabile Schutzhütte zu erreichen. Der Aufstieg setzt sich danach aber noch knapp 400 m

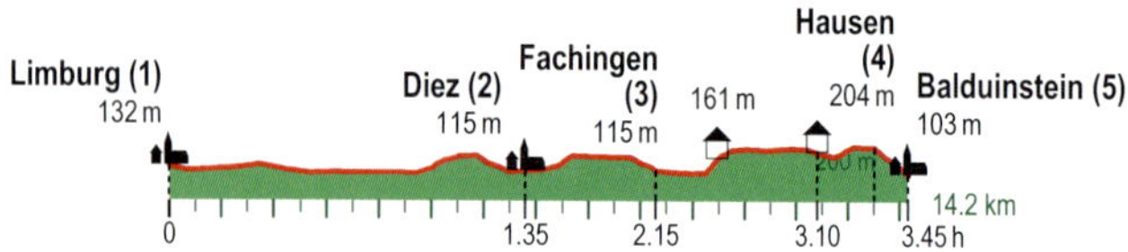

fort. Am Querweg bei der großen Wiese halten Sie sich rechts und folgen dem nun ohne größere Höhenschwankungen an der Hangkante verlaufendem Weg zum Aussichtspunkt Franzosenlay, der Ihnen einen herrlichen Blick ins Lahntal eröffnet. Wunderschön führt der Weg durch den lichten Hangwald, bevor man beim Waldaustritt die Felder rechtwinklig umgehend auf das Höhendorf **Hausen (4)** zustrebt. Auch die imposante Schaumburg hebt sich über den Horizont. Im Ort zweigt der LW am Waldrand rechts ab und stürzt auf schmalen Pfaden die Aussichtsloge Katzenkopp passierend dem Etappenort **Balduinstein (5)** entgegen, den man schließlich über Serpentinen und Treppen erreicht.

i Balduinstein

In Balduinstein scheint die Zeit stehen geblieben zu sein oder zumindest deutlich langsamer zu vergehen als anderswo. Man hat fast den Eindruck, die langsam dahinfließende Lahn gebe den Takt vor. Eng in ein schmales Seitental gezwängt versprüht der Ort mit der schönen Lahnpromenade, den charmanten Hotels und der martialisch wirkenden Burgruine eine ganz besondere Atmosphäre.

Der Name des Ortes verweist auf den Trierer Erzbischof Balduin, der im Jahre 1319 den Bau der Burg Balduinstein anregte und mit Genehmigung von Kaiser Ludwig dem Bayern hier eine Stadt gründet. Die Burg wurde im 14. und 15. Jahrhundert mehrfach ausgebaut, bevor sie Mitte des 17. Jahrhunderts an Bedeutung verlor und dem Verfall preisgegeben wurde. Nach dem Ende des Dreißigjährigen Krieges erteilte der Kurfürst von Trier 1665 die Abbruchgenehmigung. Bis 1680 blieben nur noch die Grundmauern erhalten. Auch mit der Stadt ging es rapide bergab. Hunger und Pest dezimierten die Einwohnerzahl von 40 auf 8 Familien. Lange Zeit lebte man von den Bodenschätzen der Umgebung. Bereits 1660 begann man mit dem Abbau von Brauneisenstein, später folgte die Gewinnung von Lahnmarmor und Eisenerz. Beides ist lange schon Geschichte. Der Erzabbau endete 1875, der Marmorabbau 1927.

Etwas außerhalb des Ortes erhebt sich auf der Höhe Schloss Schaumburg. Eine vermutlich bereits Anfang des 10. Jahrhunderts erbaute Burg wurde im Jahr 1197 erstmals offiziell erwähnt. Das heutige Erscheinungsbild im neugotischen Stil entstand zwischen 1850 bis 1855, als der Erzherzog Stephan von Österreich die Schaumburg nach Plänen des Architekten Carl Boos umgestalten ließ. Das Schloss befindet sich in Privatbesitz und kann derzeit nicht besichtigt werden.

6.00 Std.
20,0 km

Von Balduinstein nach Weinähr 15

Das Lahntal lässt tief blicken

Kräftige Auf- und Abstiege verbinden traumhafte Aussichtsplätze, wie Gabelstein, Wolfslei oder Goethepunkt. Jeder einzelne ist so faszinierend, dass man sich kaum losreißen möchte.
Neben tiefen Schluchten und schroffen Felsen warten Burgen- und Klosterblicke. Planen Sie daher etwas Zeit für längere Pausen ein! Ein abwechslungsreiches Highlight bietet der Abstieg vom Goethepunkt in Richtung Obernhof. Hier wartet ein Klettersteig auf Sie! Am Abend sollte man unbedingt den Lahnwein kosten.

Ausgangspunkt: Balduinstein. Erreichbarkeit: per Zug ab Limburg oder Niederlahnstein.
Endpunkt: Weinähr. Erreichbarkeit: siehe Folgeetappe, Rückfahrt nach Balduinstein: per Bus und Zug möglich. Tipp: Wer eine Rückfahrt nach Balduinstein plant, kann die Wanderung auch in Obernhof abbrechen und von dort aus die gute Zuganbindung nutzen.
Höhenunterschiede: Aufstieg und Abstieg: 690 m.
Anforderungen: Mittel. Teilweise jähe Aufstiege erfordern etwas Kondition. Der Klettersteig am Goethepunkt verlangt Schwindelfreiheit und Trittsicherheit. Es ist jedoch eine Ausweichroute beschildert.
Einkehr: Laurenburg, Obernhof.
Unterkunft: **Balduinstein:** siehe vorherige Etappe. **Weinähr:** Landhotel Treis, Hauptstraße 1–3, 56379 Weinähr, Tel. +49 2604 9750, E-Mail: mail@landhotel-treis.de, landhotel-treis.de.
Touristeninformation: **Balduinstein:** Tourist-Information Diez, Wilhelmstraße 63, 65582 Diez, Tel. +49 6432 9543211, info@urlaub-in-diez.de, urlaub-in-diez.de **Weinähr:** siehe Folgeetappe.

Die Tour beginnt am Lahnufer von **Balduinstein (1)**, von wo aus die Hauptstraße in den Ortskern Richtung Burgruine führt. Kurz hinter der Kirche erklimmt LW über Treppen und einen schmalen Pfad die Hangflanke des engen Seitentals. Es ergeben sich beim Aufstieg kurze Blicke auf die mächtige Burg, bevor der Weg eine Spitzkehre nutzend sogleich wieder zum Lahntal zustrebt, das er weit oben an der Hangkante erreicht. Bis zum Aussichtstempel am Saukopp, der ei-

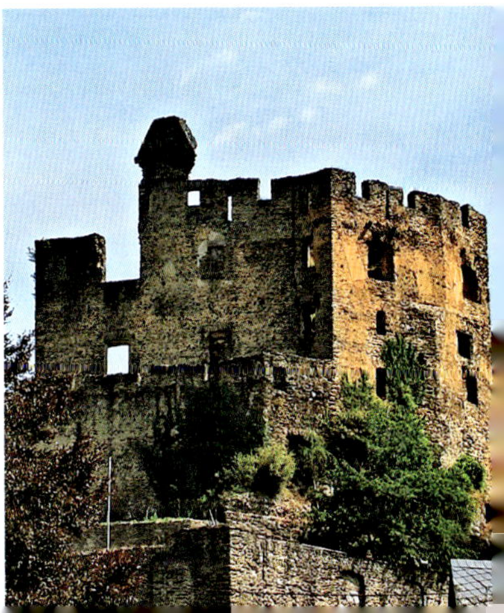

Balduinsteins trutzige Burgruine.

nen schönen Rückblick auf Balduinstein bereithält, hat man auf guten 800 m eine Höhendifferenz von 115 m bewältigt. Weiter geht es im mäßigen Auf und Ab, bald am stimmungsvollen Hangwald entlang, bald durch die Felder zur Grillhütte Cramberg. Hier schneidet der LW die Lahnschleife bei Geilnau ab und zieht sich zwischen Weide- und Ackerbauflächen zum nächsten fulminanten Aussichtspunkt, dem **Gabelstein (2)**. Dabei ergeben sich Weitblicke auf Schloss Schaumburg mit seinen oktogonalen Ecktürmen.

Vom Gabelstein aus ist neben einem Weitblick über die Hochfläche der Westerwaldseite des Lahntals auch ein atemberaubender Tiefblick ins Tal selbst möglich. Der den spektakulären Aussichtspunkt tragende Felsen aus vulkanischem Diabas-Mandelstein fällt zur Lahn 100 m steil ab. Leicht abfallend windet sich der LW nun zum Hölloch, einem klammartigen Taleinschnitt. Das Naturschutzgebiet Gabelstein-Hölloch umfasst ein 68 ha großes Areal mit einer Schlucht, in die sich 19 Wasserfälle ergießen. Der stark zerklüftete und felsige Lahnhang bietet in diesem Bereich vielen bedrohten Pflanzen- und Tierarten wie beispielsweise dem Wanderfalken einen idealen Lebensraum. Nach Passieren des Talgrundes erreicht man im kurzen Gegenanstieg zwischen Pferdekoppeln und Feldern **Steinsberg (3)**. Im Rückblick von der Kuppe ist noch einmal Schloss Schaumburg zu sehen. Steinberg tangierend strebt der LW dem Waldsaum zu, wo rechter Hand

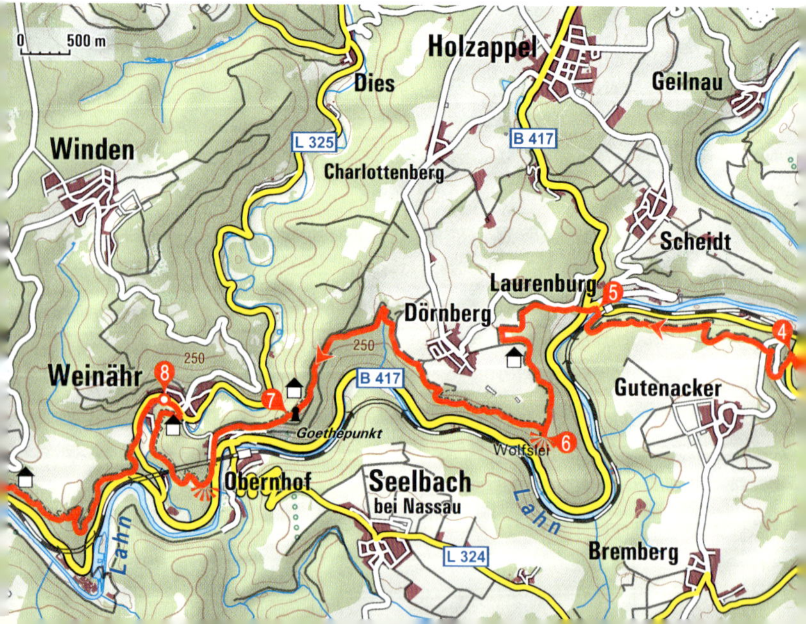

ein Abstecher zum Aussichtspunkt lohnt. Weit unterhalb liegt direkt am Lahnufer ein Campingplatz, und auf der gegenüberliegenden Bergflanke kann man den Bergfried der Laurenburg erkennen. Über Serpentinen folgt wenig später im Wald der Abstieg ins keilförmige **Rupbachtal (4)**. Der unmittelbar folgende Gegenanstieg ist moderater als der Abstieg und bietet einen Blick auf die imposanten Felsformationen der Steinsberger Lei. Auf der Höhe wartet ein bequemer Wanderweg, der immer wieder Blicke auf die Burg preisgebend nach **Laurenburg (5)** führt, wo der LW die Lahn überquert. Laurenburg blickt auf eine lange Bergbautradition zurück. Zwischen 1751 und 1952

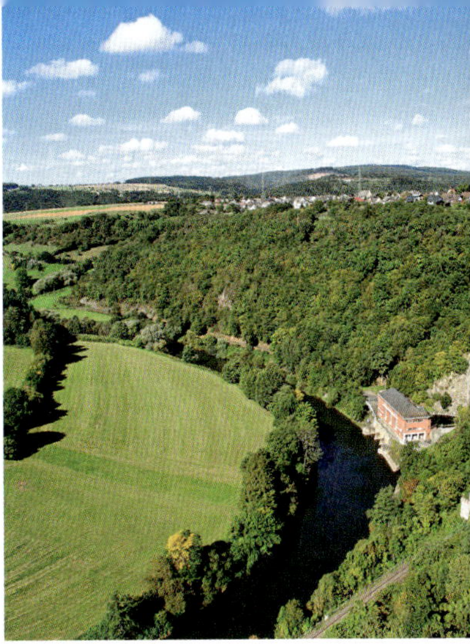

Blick vom Gabelstein.

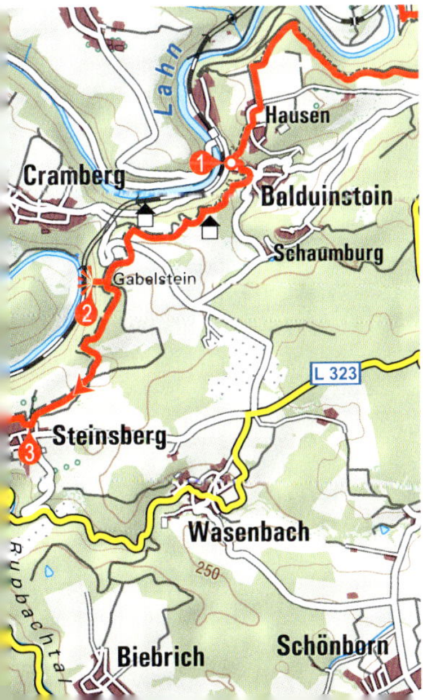

wurden in den Stollen der Gegend Blei-, Zink-, Kupfer- und Silbererze abgebaut. Ein Bergbauwanderpfad, der zusammen mit dem LW den längeren und teilweise steilen Anstieg zum Höhendorf Dörnberg in Angriff nimmt, informiert ferner über die Schwermetallvegetation, die sich im Zuge der Abbautätigkeit ausgebildet hat. Weiter oben stößt man auf eine Wassertreppe. Am Rand der Dörnberg umgebenden Felder erwartet Sie eine große Schutzhütte, jedoch sollte man die wohlverdiente Rast lieber am Aussichtspunkt **Wolfslei (6)** einlegen, wo sich ein grandioser Blick ins Lahntal bietet. Die Schleuse Kalkofen und die Trasse der Lahntalbahn wirken wie aus einer Spielzeugwelt, während sich die bewaldeten Hänge mit ihren engen Kerbtälern canonartig lahnwärts neigen.

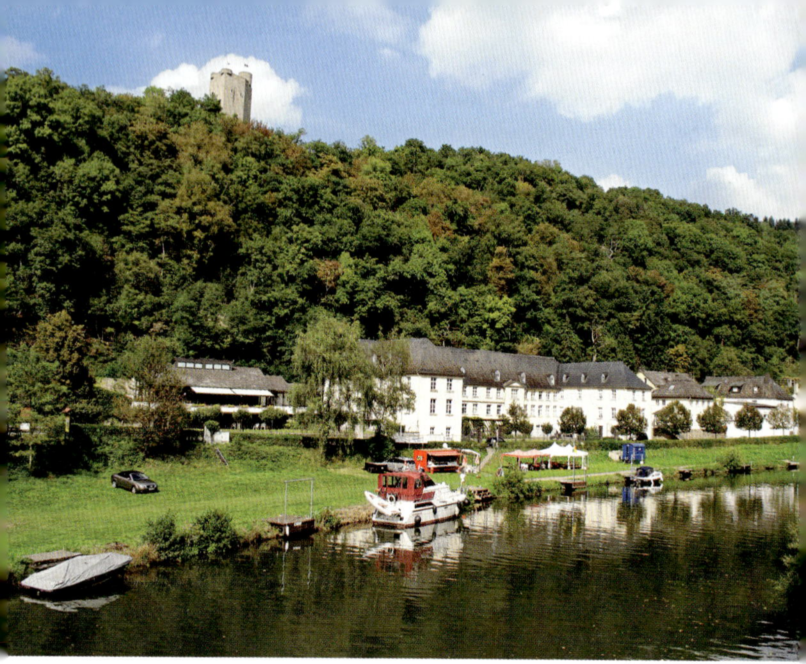

Beschauliches Lahnufer bei Laurenburg.

Dem Flusslauf folgend windet sich der Weg anschließend den Hang entlang, um nach ca. 1,2 km nochmals Richtung Dörnberg aufzusteigen. Am Ortsrand folgt der LW zunächst linker Hand dem Waldsaum, wobei mit der Liebelei ein weiterer phänomenaler Aussichtspunkt angesteuert wird. Kurz danach taucht der Weg links in den Wald ab, passiert einen Taleinschnitt und strebt auf breitem Forstweg dem **Goethepunkt (7)** zu, der auf schmalen Pfaden erreicht wird. Goethe soll, als er diesen Aussichtsposten bei seiner Wanderung von Wetzlar nach Bad Ems erreichte, von einem guten Ort zum Sterben gesprochen haben. Angesichts der Täler und Höhen sowie des malerisch auf einem Felssporn gelegenen Klosters Arnstein, wird er es wohl im

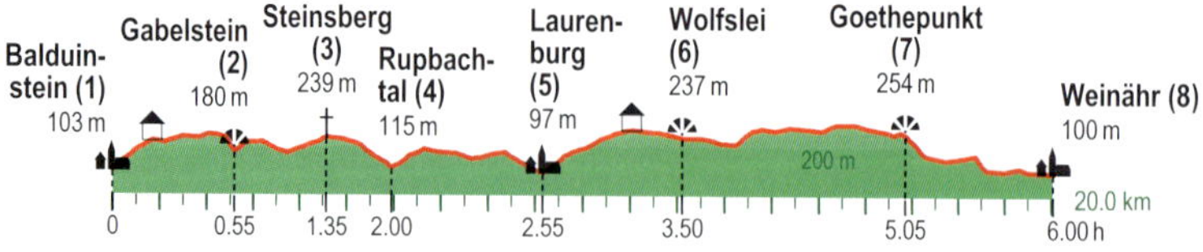

positiven Sinn gemeint haben. Links im Lahntal liegt der Weinort Obernhof, während rechts im Gelbachtal der Etappenort Weinähr angesiedelt ist.
Vom Goethepunkt bieten sich Ihnen nun zwei Optionen für den Abstieg: der bequeme Wanderweg oder eine lohnenswerte Kletterpartie über den schroffen Fels. Wenngleich die Steigvariante mit Seilen und Tritten gesichert ist, sollte man in einem ausreichenden Maße trittsicher und schwindelfrei sein, wenn man sich für das kleine Abenteuer entscheidet, will man Goethes Ausspruch nicht allzu ernst nehmen.
Beide Varianten vereinigen sich oberhalb von Obernhof, das mit seinen engen Gassen, seinen Weinhängen und seiner Lage am Fluss eine besondere Atmosphäre bietet. Der LW zieht sich zum Etappenort **Weinähr (8)** noch um den Bernthaner Kopf herum, einer kegelförmigen Erhebung zwischen Lahn- und Gelbachtal. Dabei wird mit dem Langenaublick nochmals ein besonders schöner Aussichtspunkt zum Kloster Arnstein passiert. Wer gleich von der Sattellage oberhalb von Obernhof nach Weinähr absteigen möchte, kann der Beschilderung folgend das Teersträßchen nehmen.

***i* Weinbau in Obernhof und Weinähr**

Die beiden Orte stehen heute für den Erhalt des Weinbaus an der Lahn, der auf eine mehr als 800 Jahre alte Geschichte zurückblicken und über viele Jahrhunderte hinweg als ein wichtiger Wirtschaftsfaktor Landschaft und Menschen geprägt hat. Ausgehend vom Kloster Eberbach im Rheingau wurden im 10./11. Jahrhundert an den Hanglagen der unteren Lahn Weinbauterrassen angelegt. Bis zum 14. Jahrhundert gab es vom Limburger Becken bis nach Lahnstein Rebflächen. Urkundlich belegt sind beispielsweise Weinberge in Nassau über das Jahr 1159, auf Hof Hollerich, in Weinähr 1267 oder in Dausenau um 1300. Vor allem die Arnsteiner Urkunden enthalten Angaben über Lagebezeichnungen und Größe von Weingärten sowie über Bewirtschaftung und Kelterhäuser.
Zum Stillstand kam der Weinbau durch den Dreißigjährigen Krieg (1618–1648) und Entscheidungen von Klöstern, weltlichen Verwaltungsorganen und Einzelhöfen, auf Ackerbau umzustellen. Zu einer Renaissance des Lahnweinbaus in der Gegend um Oberhof und Weinähr kam es erst Ende des 19. Jahrhunderts. In der Obernhofer Schulchronik von 1897 heißt es, dass sich das Interesse »der hiesigen Einwohner in den letzten Jahren wieder dem Weinbau zugewendet« habe, wofür als Grund der Zuzug mehrerer Moselaner Familien benannt wurde.
Trotz der vergleichsweise schwierigen Verhältnisse gelingt es den Winzern noch immer Weine von hervorragender Qualität zu produzieren, die bei Bundes- und Landesweinprämierungen mit goldenen, silbernen und bronzenen Kammerpreismünzen ausgezeichnet werden.
Die ursprünglichen Lagenbezeichnungen Schreiberlay, Esterweg und Richterpfad wurden 1971 unter der Bezeichnung Goetheberg zusammengefasst, die bereits in den 1920er-Jahren Weinetiketten zierte.

16 Von Weinähr nach Bad Ems

5.15 Std.
16,6 km

Vom Lahnwein zur Bäderromantik

Natur und Kultur reichen sich auf dieser Etappe mustergültig die Hände. Denn während Hohelei, Kuxlay und der Concordiaturm grandiose Talblicke gewähren, finden sich in Nassau und Dausenau zahlreiche historische Gebäude. Burgen, alte Kirchen, Stadtmauerreste und ein schiefer Turm verdienen Ihre Aufmerksamkeit. Die Tour beginnt im Schatten der wenigen Lahnweinberge und endet im Angesicht der Prunkbauten einer großen Bädertradition. Bad Ems ist das Sinnbild des Jugendstils und der Belle Époque.

Ausgangspunkt: Weinähr. Erreichbarkeit: per Bus ab Bahnhof Nassau oder Obernhof.

Endpunkt: Bad Ems. Erreichbarkeit: siehe Folgeetappe, Rückfahrt nach Weinähr: per Bahn und Bus möglich.

Höhenunterschiede: Aufstieg: 600 m, Abstieg: 620 m.

Anforderungen: Mittel. Die teilweise recht kräftigen Anstiege verlangen etwas Kondition. Die Wege sind überall gut begehbar.

Einkehr: Nassau, Dausenau.

Unterkunft: **Weinähr:** siehe vorherige Etappe. **Bad Ems:** Hotel Bad Emser Hof, Lahnstraße 6–7, 56130 Bad Ems, Tel.: +49 2603 91810, E-Mail: hotel@bad-emser-hof.de, bad-emser-hof.de; Hotel Alter Kaiser, Koblenzer Straße 36, 56130 Bad Ems, Tel. +49 2603 94080, E-Mail: info@aktivhotel-alterkaiser.de, aktivhotel-alterkaiser.de.

Touristeninformation: **Weinähr:** Tourist-Information Diez, Wilhelmstraße 63, 65582 Diez, Tel. +49 6432 9543211, info@urlaub-in-diez.de, urlaub-in-diez.de. **Bad Ems:** siehe Folgeetappe.

An der stimmungsvollen Lahnpromenade von Nassau.

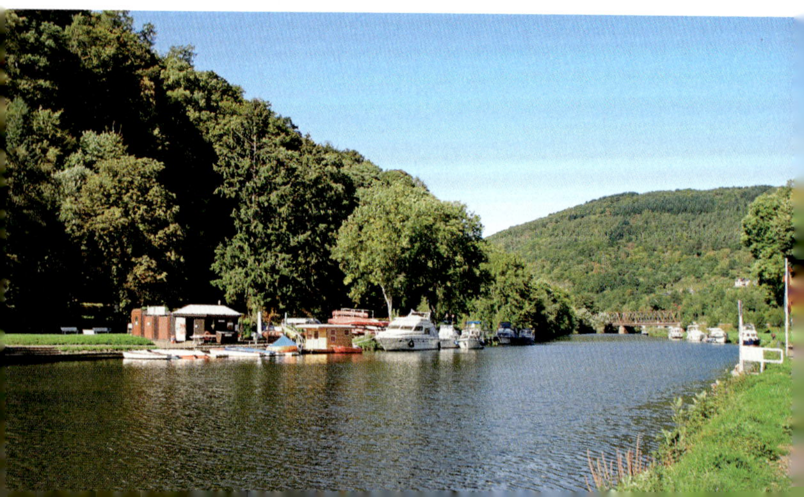

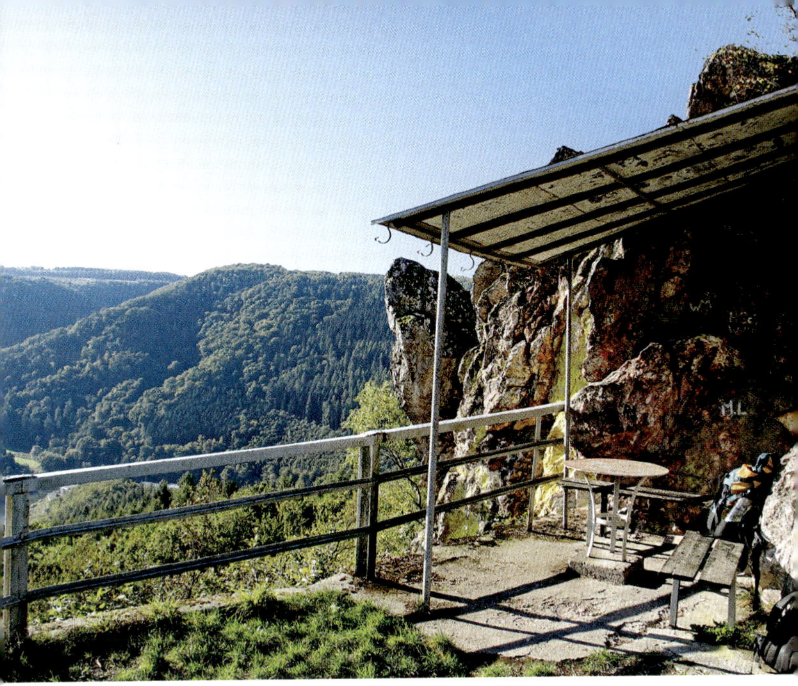

Felsennest mit toller Aussicht: die Hohelei.

In **Weinähr (1)** folgen Sie der Durchgangsstraße (Hauptstraße) zum westlichen Ortsausgang. Gegenüber des letzten Hauses gehen auf der rechten Seite zwei Wege von der Straße ab. Während der breitere Wirtschaftsweg im rechten Winkel von der Straße wegführt, zieht sich ein Stück weiter vorne der LW als schmaler Pfad an der Hangflanke empor. Rasch gewinnt man im Wald an Höhe, doch erst hinter der Spitzkehre beginnt der letzte kernige Aufstieg zur Hohelei. Folgen Sie dabei immer dem LW-Zeichen, auch wenn vorab linker Hand ein Schild zum Aussichtsfelsen weist. Der Aussichtspunkt

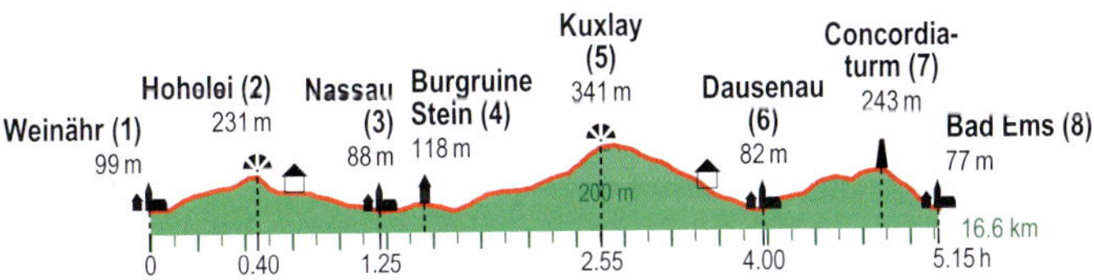

Hohelei (2) entpuppt sich als wildes Felsennest weit oberhalb des Lahntals. Vom überdachten Rastplatz aus bietet sich ein fantastisches Panorama über das zerklüftete Flussgebiet, gespickt mit dem Kloster Arnstein und dem Schloss Langenau als kulturhistorische Highlights. Von der rückwärtigen Seite der Hohelei ist bereits Nassau zu sehen, überragt von der Burg mit ihrem markanten Bergfried.
Nach kurzem Steilabstieg gelangt man unter kaum merklichen Höhenverlust durch einen stimmungsvollen Mischwald nach Nassau. Immer wieder ergeben sich schöne Ausblicke auf den Burgberg. Nachdem man das zwar feine, aber doch etwas eintönige Wohngebiet durchwandert hat, erweist sich **Nassau (3)** als sehenswertes und lebendiges Städtchen.

***i* Nassau**

Hoch über der Stadt mit der wunderschönen Lahnpromenade liegt auf einem Felskegel die bereits um 1120 erbaute Gipfelburg. Der markante Bergfried ist weithin sichtbar. Die Geschichte Nassaus ist eng mit den Niederlanden verbunden, da einer der Miterbauer der Burg, der Graf Ruprecht von Laurenburg Beatrix von Limburg heiratete. Das Grafengeschlecht herrschte über weite Teile des Westerwaldes und des Taunus. Ruprechts Enkel Heinrich der Reiche von Nassau verstärkte die Beziehungen zu den westlichen Nachbarn derart nachhaltig, dass noch heute Nachkommen des Hauses Nassau mit dem niederländischen König Wilhelm Alexander und dem luxemburgischen Großherzog Henri verwandt sind. Nassau wusste seinen politischen Einfluss weltlich wie geistlich zu festigen, indem das Haus nicht nur zwischen 1292 bis 1298 einen deutschen König stellte, sondern im Laufe der Geschichte auch fünf Erzbischöfe von Mainz und Trier sowie Kurfürsten des Deutschen Reiches. Wilhelm von Nassau-Oranien war es schließlich, der durch den niederländischen Freiheitskampf an europäischer Bedeutung gewann. Sein Urenkel Wilhelm III. von Oranien-Nassau war Regent der Niederlande und zugleich von 1689 bis 1702 König von Großbritannien. Ihm zu Ehren erhielt die Hauptstadt der Bahamas denselben Namen wie das Städtchen an der Lahn. Neben der Burg ist das Steinsche Schloss beachtenswert, das Geburtshaus des Heinrich Friedrich Karl Freiherr vom und zum Stein (1757–1831). Weitere Sehenswürdigkeiten bilden das Fachwerkrathaus von 1607/09 und die spätromanische Johanniskirche aus dem 11. Jahrhundert.

Auf der Brücke unterhalb der Burg wechselt man die Flussseite und entschwindet der befahrenen Landstraße nach kaum 100 Metern, von wo aus ein schmaler Weg zur alten **Burgruine Stein (4)** am Fuß des Berges führt. Das lange schon verfallene Gemäuer war Stammsitz der Reichsfreiherren vom und zum Stein, deren Geschlecht 1158 erstmals urkundlich erwähnt wurde. Vom Standort der Ruine aus kann man einen Abstecher zur Burg Nassau unternehmen, deren Turm kostenfrei besichtigt werden kann. Der LW lässt Burg Nassau aus, steuert zunächst auf das Denkmal des Freiherrn

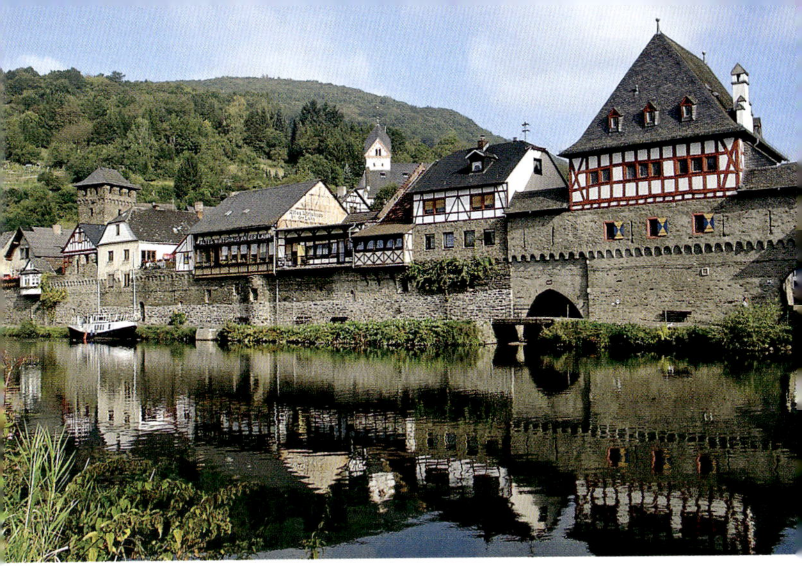

Lahnfront des pittoresken Fachwerkortes Dausenau.

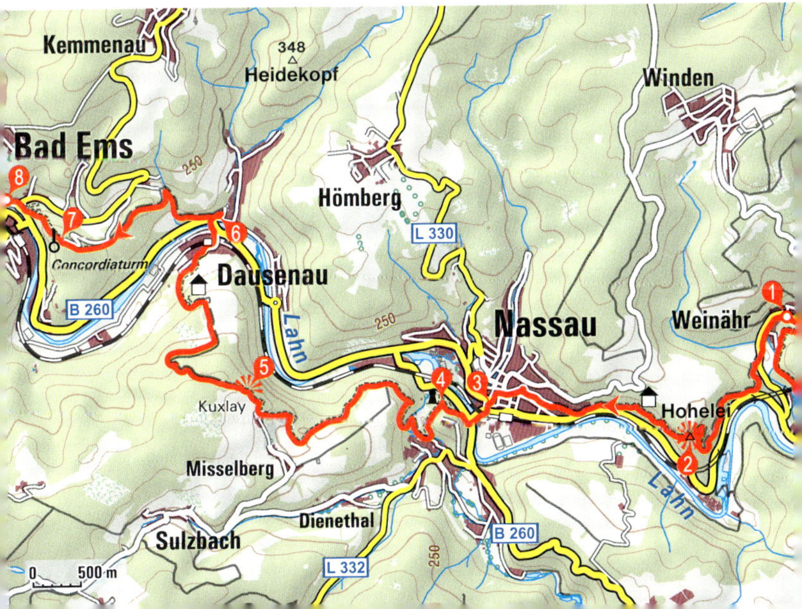

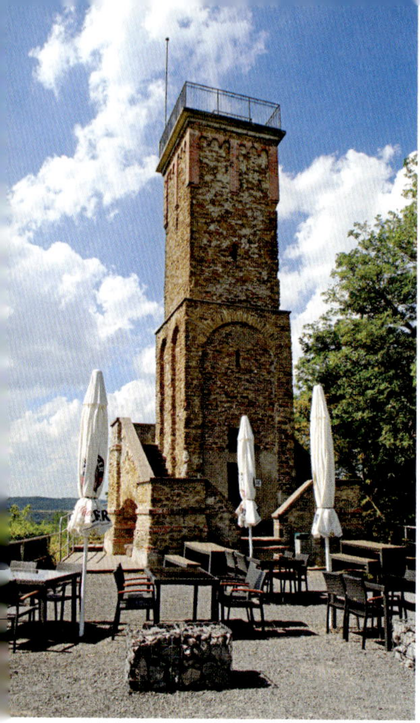

Hoch ragt der Concordiaturm über Bäderlei auf.

vom und zum Stein zu, um anschließend dem Taleinschnitt Richtung Scheuern zu folgen. Im Talgrund wird der Mühlbach überquert, worauf ein jäher Anstieg folgt. Auf den nächsten 3,5 km müssen über 300 Höhenmeter überwunden werden. Trotz der Mühen erweist sich der bestens markierte Weg aber als abwechslungsreich und nach dem letzten Steilanstieg erwartet Sie an der **Kuxlay (5)** einmal mehr ein phänomenaler Ausblick.

Der anschließende Abstieg nach Dausenau führt zunächst über einen breiten Waldweg, dann in herrlicher Aussichtslage über einen begrasten Bergrücken, bevor ein schmaler Pfad rasant in den Talgrund leitet. **Dausenau (6)** zeigt sich am Lahnufer gleich von seiner schönsten Seite.

Gegenüber der uralten Eiche zieht der LW in der Straße Ackertspforte hinauf, wo er auf Teile der alten Stadtmauer trifft. Hier zweigt er links ab und steigt zur Höhe hin weiter an, wobei sich weitere sehr schöne Blicke auf Dausenau ergeben. An der Kreuzung auf der Lichtung wendet sich der LW nach links und erklimmt kurz danach rechter Hand einen schmalen Waldpfad nutzend den Repselskopf. Doch noch ist der abschließende Höhepunkt der Tour nicht erreicht, denn nach einem kurzen Abstieg steigt der Weg nochmals empfindlich an. Oben wartet Sie neben einer exponierten Einkehrmöglichkeit der historische **Concordiaturm (7)**. Gut 150 m tiefer liegt Ihnen Bad Ems zu Füßen.

Beim über Serpentinen führenden Abstieg zur alten Kurstadt erlebt man ein kleines Wechselbad der Gefühle. Zunächst passiert man mehrere Aussichtsbalkone, von denen aus immer mehr städtebauliche Details erlebbar werden. Doch schließlich landet man im grauen Treppenhaus eines Parkhauses, wo man die letzten Höhenmeter verliert. Am **Lahnufer (8)** wiederum taucht man in eine ganz eigene Welt ein. Man könnte auch sagen: in längst vergangene Zeiten, die durch die prächtige Bäderarchitektur wiederbelebt werden.

Bad Ems

Bad Ems muss man gesehen haben. Kaum sonstwo konnte das Flair einer großen Bädertradition durch die Zeit hindurch derart konserviert werden. Wichtigstes Bauwerk im Ensemble des »Alten Bades« ist das prachtvolle 1720 fertig gestellte barocke Badeschloss. Wer in diese Atmosphäre sprichwörtlich eintauchen möchte, sollte sich einen Regenerationstag gönnen und im Hotel logieren, welches das alte Kurhaus heute beherbergt.

Wer eine kostengünstigere Teilhabe am Kurbetrieb anstrebt, könnte sich mit einem Glas Heilwasser aus der Römerquelle begnügen. Dieser Brunnen ist von der Uferpromenade aus frei zugänglich, während sich die Säulenhalle mit ihren verschiedenen Quellen im Hotel befindet. Ein Stück weiter lahnabwärts erreichen Sie das Kursaalgebäude mit dem Kurtheater und der Spielbank. Das Gebäude beherbergt auch den 1836–39 errichteten Marmorsaal. Als Vorbild für den Saal mit seinen prächtigen Wandmalereien gilt die Renaissance-Villa Farnesina am Tiber in Rom. Die Säulen sind selbstverständlich aus Lahnmarmor gefertigt.

Belle Époque und Jugendstil – diese Begriffe sind untrennbar mit dem ehemaligen Kaiserbad verbunden, in der Adelige, Künstler und Schriftsteller ihren Kuraufenthalt genossen. Unter ihnen: Kaiser Wilhelm I., Zar Alexander II., König Georg IV. von England, Jacques Offenbach, Fjodor Dostojewski, Richard Wagner, Victor Hugo und Johann Wolfgang von Goethe.

Da auch zahlreiche russische Kurgäste Bad Ems besuchten, ließ man am jenseitigen Flussufer sogar eine russisch-orthodoxe Kirche mit kreuzförmigem Grundriss und fünf Kuppeln errichten. Die Farbe Blau symbolisiert dabei die Weisheit Gottes. Im Inneren zeigt die Ikonostase, die prächtig ausgeschmückte Trennwand zwischen dem Raum der Gläubigen und demjenigen, der nur dem Priester vorbehalten ist, verschiedene Schutzpatrone.

Zum besonderen Charme trägt neben diesen außergewöhnlichen Sehenswürdigkeiten aber ebenso die Lage im engen Lahntal mit den steil abfallenden bewaldeten Hängen bei. Wer sich einen Gesamtüberblick verschaffen möchte, dem sei eine Fahrt mit der Kurwaldbahn empfohlen, die auf einer Streckenlänge von 220 m einen Höhenunterschied von 132 m bewältigt. Mit einer Steigung von 78 Prozent zählt sie zu den steilsten Standseilbahnen der Welt! Der historische Vorgänger, die 1887 eröffnete Malbergbahn, wurde 1979 aufgrund technischer Mängel stillgelegt und zwei Jahre später zum Denkmal erhoben.

Belle Époque an der Lahn.

17 Von Bad Ems nach Lahnstein

4.30 Std.
16,1 km

Auf zum Rhein!

Auf Lahn und Wanderer wartet gleichermaßen der Rhein. Zuvor aber zeigt die Lahn nochmals ihren Facettenreichtum. Ausgehend von der alten Kurstadt Bad Ems, erklimmt man die Höhen oberhalb von Fachbach, genießt den Blick vom Mehrberg zur Mündung – garniert mit einer Burg, einem Schloss und einer Klosterkirche – und taucht ein in den Zauber der Ruppertsklamm. Voll von einzigartigen Eindrücken bietet die Liegewiese an der Rheinpromenade den perfekten Rahmen für Entspannung.

Ausgangspunkt: Bad Ems. Erreichbarkeit: per Zug ab Limburg oder Koblenz.
Endpunkt: Lahnstein. Erreichbarkeit: siehe Folgeetappe, Rückfahrt nach Bad Ems: per Zug möglich.
Höhenunterschiede: Aufstieg: 360 m. **Abstieg:** 370 m.
Anforderungen: Mittel. Der Weg durch die Ruppertsklamm verlangt eine erhöhte Trittsicherheit. Auf einer Alternativroute kann die Klamm umgangen werden.
Einkehr: Fachbach.
Unterkunft: **Bad Ems:** siehe vorherige Etappe. **Lahnstein:** Griechisches Restaurant & Hotel Ariston, Westallee 11, 56112 Lahnstein, Tel. +49 2621 2661, ariston-lahnstein.de; Boutique-Hotel Altes Rathaus, Johannesstraße 18, 56112 Lahnstein, Tel. +49 2621 6293940, boutique-hotel-altes-rathaus.info.
Touristeninformation: **Bad Ems:** Tourist-Information, Römerstraße 11, 56130 Bad Ems, Tel. +49 2603 9415-0, info@badems-nassau.info, badems-nassau.info. **Lahnstein:** Touristinformation Lahnstein, Kirchstraße 1, 56112 Lahnstein, Tel. +49 2621 914171, touristinformation@lahnstein.de, lahnstein.de.

Stilvolle Promenade der alten Kurstadt Bad Ems.

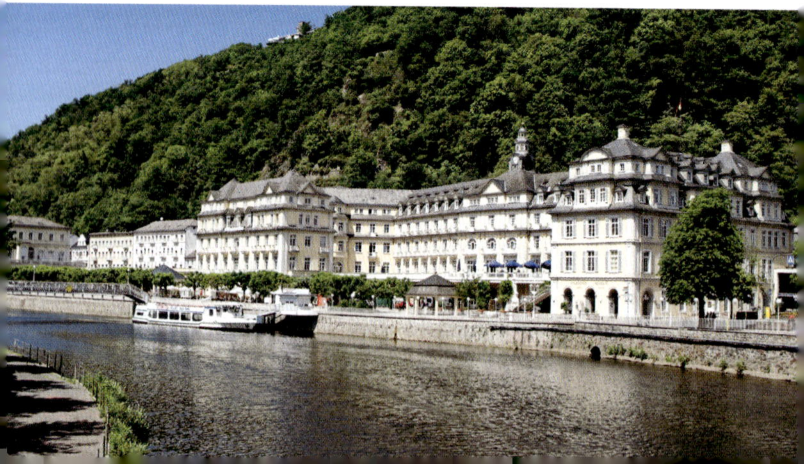

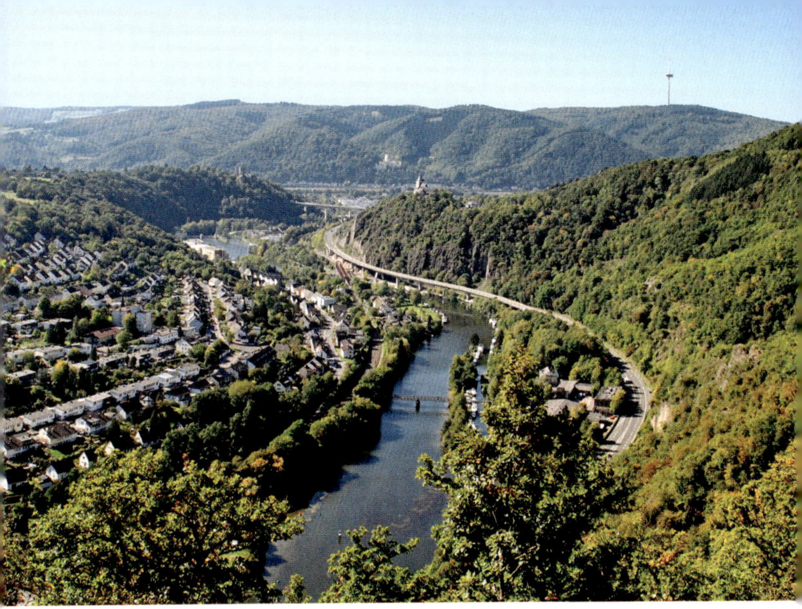

Blick vom Mehrsberg auf die Lahnmündung bei Lahnstein.

Die letzte Etappe des Lahnwanderweges startet an der Kurpromenade von **Bad Ems (1)** unmittelbar am Lahnufer. Vom Kurhaus mit der Spielbank aus führt der Weg vorbei an der Talstation der Mahlbergbahn durch den Kurpark. Während im Fluss selbst die Wasserfontäne die Aufmerksamkeit auf sich zieht, imponieren am linken Lahnufer der Quellenturm von 1907 und die russisch-orthodoxe Kirche mit ihrer vergoldeten Zentralkuppel. Hinter dem Kaiser-Wilhelm-Denkmal schiebt sich dann – nicht weniger eindrucksvoll, aber vom Stil her völlig verschieden – die neugotische dreischiffige St.-Martins-Kirche ins Blickfeld. Längst wieder von der zuverlässigen LW-Markierung geleitet, schwenkt der Weg gleich dahinter zur Viktoriaallee, wo eine Klinik und die Emser Therme passiert werden. Geradeaus gelangt man in

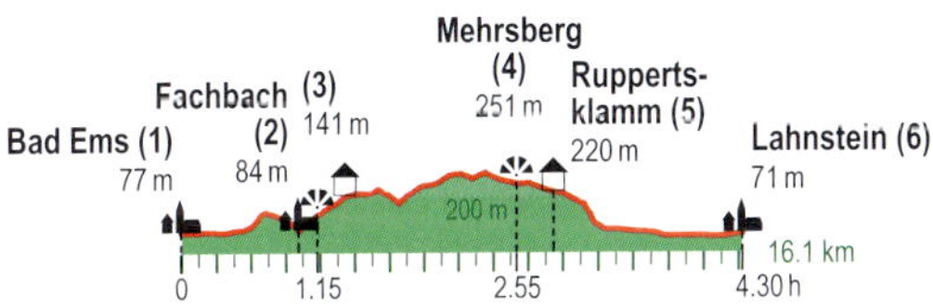

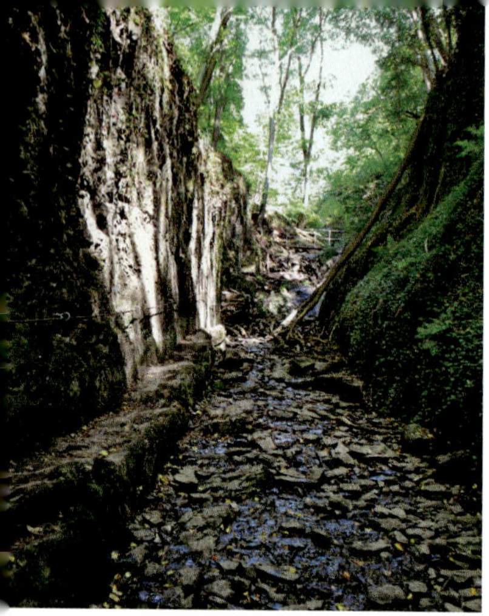

In der urwüchsigen Ruppertsklamm.

die Jahnstraße neben dem Lahnufer. Entgegen des auf älteren Karten verzeichneten Verlaufes biegt der LW nach knapp 300 m rechter Hand in die Carl-Heyer-Straße, wendet sich an der Koblenzer Straße nach rechts, wo er gleich wieder der Arenberger Straße spitzwinklig bergan folgt. Nach weiteren 170 m biegen Sie links in den Oberen Flurweg ein. Hier heißt es Achtung, denn die leicht zu übersehende Wegmarkierung weist Sie nach kurzer Wegstrecke in einen rechts abzweigenden, stark ansteigenden

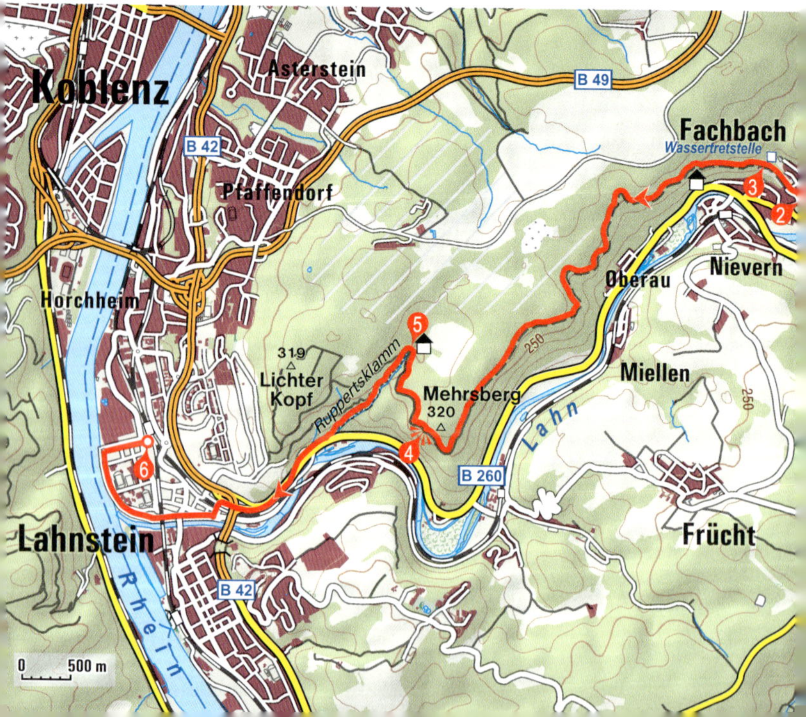

Fußweg. Die bald kreuzende Straße bringt Sie in einer Linkskehre auf das gewünschte Höhenniveau. Von hier oben bieten sich nochmals hübsche Rückblicke auf das Zentrum der Kurstadt, bevor am Ende der Straße naturnahes Gelände den LW aufnimmt. Mehrere Rastbänke säumen den Weg, der sich um die Bergnase herumführend **Fachbach (2)** nähert.

Den Ortskern verschmähend strebt LW den Alten Postweg nutzend aber gleich wieder der Höhe zu. An der **Wassertretstelle (3)** oberhalb bietet sich eine Rast an, zumal neben Bänken, einem Gipfelkreuz und einer kleinen Schutzhütte auch der Blick auf Fachbach und Nievern am gegenüberliegenden Lahnufer lockt. Es soll die letzte imposante Aussicht bis zum Mehrberg bleiben.

Nichtsdestotrotz bietet der Weg sehr schöne Hangwälder und eine angenehme Wegbeschaffenheit. Am **Mehrberg (4)**, wo sogar wieder eine der geschätzten Wanderliegen bereitsteht, kann man schließlich den besonders grandiosen Weitblick genießen. Eingerahmt von der Burg Lahneck und dem Kloster Allerheiligenberg erkennt man die Lahnmündung bei Lahnstein und das Schloss Stolzenfels am jenseitigen Rheinufer.

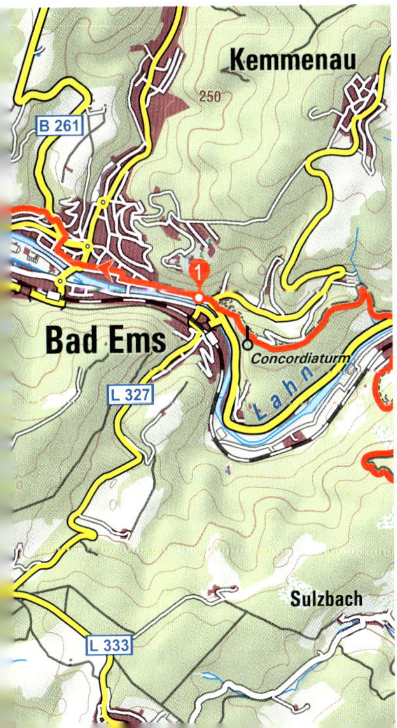

Nun ist es nur noch ein guter Kilometer bis zum ultimativen Höhepunkt der letzten LW-Etappe, der **Ruppertsklamm (5)**. Wer sich für den teilweise mit Seilen und Tritten gesicherten Abstieg im engen Keiltal noch einmal sammeln möchte, kann an der großen Schutzhütte am Klammeinstieg nochmals eine Pause einlegen. Generell gilt aber, dass der Abstieg durch die Klamm eine erhöhte Konzentration und Trittsicherheit erfordert. Alternativ zum Weg durch die Ruppertsklamm kann daher auch der parallel verlaufende Wanderweg genommen werden.

Wer sich für die Alternative entscheidet, dem sei empfohlen, bis zum Kloster Allerheiligenberg auf dem Hauptweg zu bleiben und von dort aus direkt nach Niederlahnstein abzusteigen. So ergibt sich aus dem Verzicht auf die Klamm zumindest ein ganz anders geartetes Highlight.

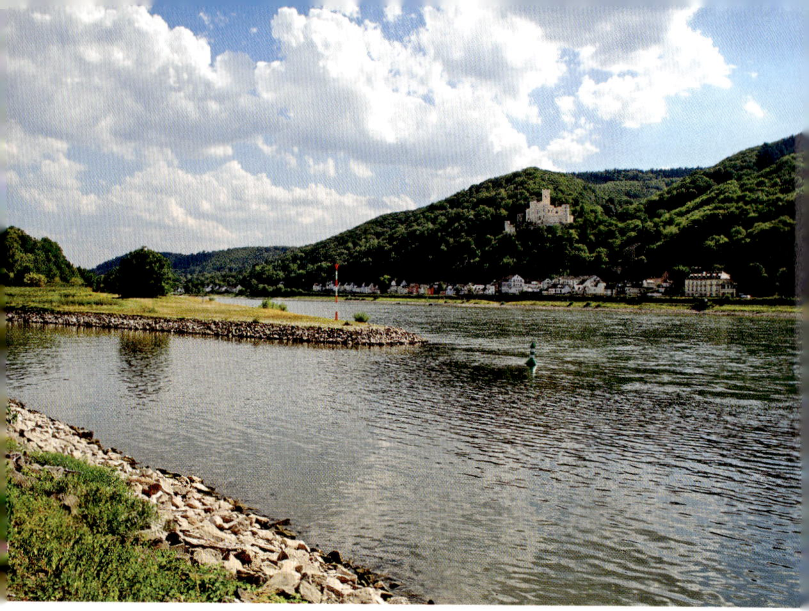

Lahnmündung in den Rhein mit Schloss Stolzenfels im Hintergrund.

i Ruppertsklamm

Das Naturschutzgebiet Ruppertsklamm wurde zwischen 1910 und 1912 auf Initiative des Naturfreundes Theodor Zais angelegt. In Begleitung des Rheinsteigs meistert der Lahnwanderweg eine rund zwei Kilometer lange abenteuerliche und zugleich atemberaubend schöne Passage. Der Bachlauf hat sich tief in Tonschiefer und Sandstein eingegraben. An einigen Stellen ragen die schroffen, feuchten und teilweise bemoosten Felswände mehrere Meter empor. Kanalartig verläuft dazwischen der steinige von Wasser umspülte Parcours. Kleine Brücken, Seilführungen und in den Fels geschlagene Stufen erleichtern dem Wanderer das Überwinden schwieriger Stellen. Bei großer Nässe kann die Schlucht dennoch extrem glitschig sein, sodass erhöhte Vorsicht geboten ist.

Am Ende der Ruppertsklamm werden Sie leider etwas unsanft dadurch in die Realität zurückgeholt, dass Sie ein ganzes Stück neben einer Hauptverkehrsstraße dahintrotten müssen, bevor sich der LW zunächst rechts auf einer Nebenstraße in ein Wohngebiet rettet und anschließend linker Hand zum Lahnufer geleitet. Nun wird es noch einmal lauschig, denn auf dem platanengesäumten Weg begleitet man die Lahn auf ihren letzten 1300 m, bevor sie ihre Fluten an der schön gestalteten Rheinpromenade von Niederlahnstein an den großen Strom übergibt. Gegenüber erkennt man nun deutlich das bereits erwähnte Schloss Stolzenfels. Sie können dem Lahnwasser im Rhein noch ein kurzes Stück folgen und Ihrer Wanderung entlang der Lahn damit einen würdigen Abschluss verleihen, bevor Sie die Goethestraße in gerader Linie zum Bahnhof von **Lahnstein (6)** bringt.

i *Lahnstein*

1969 wurden die bis dahin eigenständigen Städte Nieder- und Oberlahnstein zu Lahnstein zusammengeführt. Jedoch gab es zugegebenermaßen einschneidendere Ereignisse in der langen Geschichte des Ortes, denn selbstverständlich weckte die exponierte Lage an Rhein und Lahnmündung immer wieder neue Begehrlichkeiten. Schon die Römer erkannten die strategische Bedeutung und bauten 369 im heutigen Niederlahnstein einen Burgus, der als Grenzbefestigung und Vorposten für das Kastell Confluentes (heute Koblenz) diente. Auf den Resten der römischen Anlage entstanden direkt am Rheinufer zunächst Haus Lohenstein, das 1018 an Kurtrier fiel, und im 12. Jahrhundert die heute noch existierende spätromanische Johanniskirche.

Zum Schutz seiner Besitzungen an der Lahnmündung errichtete der Mainzer Erzbischof Siegfried III. von Eppstein 1226 Burg Lahneck. Zu jener Zeit ist auch der Betrieb einer Silbermine im Bereich Oberlahnstein dokumentiert. 1324 bzw. 1332 erhielten Ober- und Niederlahnstein die Stadtrechte, jedoch blieb das Gebiet ein Zankapfel zwischen Kurmainz und Kurtrier. Im Dreißigjährigen Krieg wurden beide Stadtteile schließlich mehrfach durch schwedische, kaiserliche, französische und hessische Truppen besetzt. Burg Lahneck wurde im Pfälzischen Erbfolgekrieg 1688 durch französische Truppen zerstört und auch die Koalitionskriege zwischen 1795 und 1800 brachten stetig wechselnde Herrschaftsverhältnisse, da österreichische, preußische, französische und russische Truppen die Lahnmündung eroberten.

Noch heute sind einige der historischen Bauwerke der Stadt zu besichtigen. Neben der Burg Lahneck lohnt das Martinsschloss am Oberlahnsteiner Rheinufer ebenso einen Abstecher wie der Salhof oder das Alte Rathaus (beide ebenfalls in Oberlahnstein). Auf der Seite von Niederlahnstein beachte man das Alte Wirtshaus an der Lahn, mit dem Kurtrierer Zollturm, die schon erwähnte Johanniskirche und das Klosterareal Allerheiligenberg in der markanten Hügellage oberhalb der Lahn.

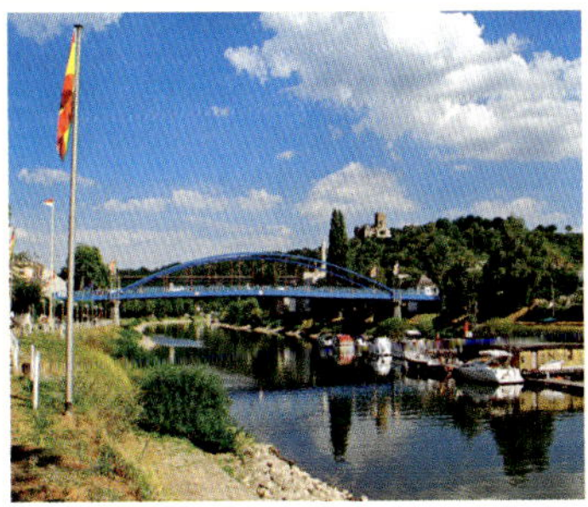

Burg Lahneck oberhalb von Lahnstein.

Stichwortverzeichnis

A
Altenberg 74
Amselborn 50
Auerbachtal 40
Aumenau 92, 96
B
Bad Ems 112, 118, 119
Bad Laasphe 41, 46
Balduinstein 102, 107
Behring-Mausoleum 64
Biedenkopf 46, 51
Braunfels 82, 86
Breidenstein 48
Buchenau 51, 56
Burg Gleiberg 75
Burg Hohenfels 57
Burg Lahneck 121
Burg Nassau 114
Burgruine Freienfels 89
Burgruine Philippstein 88
Burgruine Stein 114
Burgruine Weißenstein 63
Burg Runkel 99
Burg Vetzberg 77
C
Caldern 59
Concordiaturm 116
D
Dausenau 116
Denkmal König Konrad I. 98
Diersteiner Aue 103
Dietkirchen 100
Diez 103
Dörnberg 109
Dr.-Otto-Bruchhäuser-Tempel 98
E
Elisabethkirche 64
Entenberg 47
Eschebörnchen 94
Eschengraben 38
Eschhofen 100
F
Fachbach 121
Fachingen 105
Falkenbach 95
Feudingen 36, 41
Franzosenlay 106
Frauenkreuz 77
Fronhausen 66, 71
G
Gabelstein 108
Garbenheim 80
Garbenheimer Warte 80
Gelbachtal 111
Gladenbacher Bergland 68
Gleiberg 75
Goethepunkt 110
Großer Weiher 87
Grube Margarethenhöhe 84

H
Hasenkopf 68
Hausen 106
Heiligenborn 39
Heimannsmühle 96
Himmelborn 48
Hohelei 113
I
Ilse 38
Ilsequelle 38
K
Kalsmunt-Ruine 82
Kastanienallee 87
Katzenbach 53
Katzenbachtal 53
Katzenkopp 106
Kleiner Rothaar, Märchenwanderweg 38
Kloster Allerheiligenberg 121
Kloster Arnstein 110
Kolumbus-Tempel 48
Königstuhl 77
Krofdorf-Gleiberg 71, 76
Kubach 89
Kubacher Kristallhöhle 89
Kuxlay 116
L
Lahnquelle 36
Lahnstein 118
Landgrafenbuche 53
Langenaublick 111
Launsbach 75
Laurenburg 109
Liebelei 110
Limburg 96, 102
Lippershardt 52
M
Marburg 60, 66
Märchenwanderweg »Kleiner Rothaar« 38
Mehrsberg 121
N
Nassau 114
Naturschutzgebiet Gabelstein-Hölloch 108
O
Oberndorf 84
Obernhof 111
Oberwalgern 70
Oberweimar 69
Odersbach 93
P
Perfstausee 48
R
Rimbergturm 58
Rodheim-Vetzberg 77
Römisches Forum Waldgirmes 79
Rupbachtal 109
Ruppertsklamm 121
Russisch-orthodoxe Kirche Bad Ems 119

S

Salzböde 73
Salzböden 73
Saßmannshausen 43
Saukopp 108
Scheuern 116
Schleuse Kalkofen 109
Schloss Braunfels 85
Schloss Langenau 114
Schloss Oranienstein 103
Schloss Schaumburg 108
Schloss Stolzenfels 121
Schloss Wittgenstein 44
Schmelz-Mühle 73
Schönemühle 73
Silbersee 87
Solmsbach 84
Steimelskopf 96
Steinsberg 108
Steinsberger Lei 109
Sternschanze 78
Sterzhausen 56, 60
St.-Lubentius-Basilika 100

V
Villmar 97
W
Wahlbachsmühle 43
Waldgirmes, Römisches Forum 79
Walpersdorf 36
Wassertreppe 109
Wehrda 64
Wehrley 98
Weidelbacher Weiher 42
Weihermühle 87
Weilburg 86, 91, 92
Weilburger Schloss 91
Weinähr 107, 112
Wetzlar 76, 82
Wildpark Weilburg 88
Wildrosenlehrpfad 68
Wißmar 75
Wißmarbachtal 74
Wolfsgeschirr 53
Wolfslei 109

Umschlagbild:
Runkels mächtige Burg oberhalb der Lahn.

Bild im Innentitel:
Promenade an der Aarmündung in Diez.

Alle 88 Fotos stammen vom Autor.

Kartografie:
18 Wanderkärtchen im Maßstab 1:75.000
Geodaten © OpenStreetMap und Mitwirkende
Kartografisches Design: Freytag & Berndt, freytagberndt.cz
Übersichtskarten im Maßstab 1:600.000 und 1:1,1 Mio.
© Freytag & Berndt, Wien

Werk-Nr.:
4492

2., aktualisierte Auflage 2024

ISBN 978-3-7633-4732-2

FSC www.fsc.org
MIX
Papier | Fördert gute Waldnutzung
FSC® C147178

Wir freuen uns über jeden Korrekturhinweis zu diesem Wanderführer!
Bitte per E-Mail an: leserzuschrift@rother.de

ROTHER BERGVERLAG · München
D-82041 Oberhaching · Keltenring 17 · Tel. +49 89 608669-0 · rother.de